PFA
LZ
AF567959
INSIDER-TIPP
Deine Abkürzung ins Erleben!
Reisen mit MARCO POLO
Insider-Tipps

MARCO POLO TOP-HIGHLIGHTS

PFÄLZISCHES BERGBAU-MUSEUM IMSBACH 1

Wie der Bergbau die Region geprägt hat, zeigen die Besucherbergwerke unter Tage.

Tipp: Mit Weitwinkel und Langzeitbelichtung die Faszination der Grube einfangen. Der Boden reicht als Stativ.

➤ S. 47, Nordpfälzer Bergland

BURG LICHTENBERG 2

Ein großer Abenteuerspielplatz nicht nur für kleine Besucher – mit überragender Aussicht über das Nordpfälzer Bergland.

➤ S. 55, Nordpfälzer Bergland

GARTENSCHAU 3

Im Sommer ein Blütenmeer – und eine beeindruckende Dinosaurierschau mit originalgroßen Nachbildungen in Kaiserslautern.

➤ S. 61, Pfälzerwald

DAHNER FELSENPFAD 4

Durch dichten Wald und beeindruckende Formationen aus Buntsandstein führen mehrere, verschieden schwere Wanderwege.

Tipp: Früh morgens einsteigen, um die aufgehende Sonne einzufangen. Mit Glück hängt dichter Nebel überm Tal.

➤ S. 71, Pfälzerwald

HAMBACHER SCHLOSS 5

Die Wiege der deutschen Demokratie; hinter dicken Schlossmauern erfährst du hier alles zur Geschichte (Foto).

Tipp: Wenn die Burg nachts im Scheinwerferlicht erstrahlt, kommt jeder Stein besonders gut zur Geltung.

➤ S. 86, Weinstraße

HOLIDAYPARK HASSLOCH 6

Seit mehr als 40 Jahren ist dieser Freizeitpark eine Institution – mit spektakulären Fahrgeschäften und tollen Shows.

➤ S. 88, Weinstraße

HARDENBURG 7

Am Stadtrand von Bad Dürkheim steht eine der mächtigsten und größten Burganlagen der Pfalz – und das will was heißen.

Tipp: Abstand zum Motiv und warten bis jemand durchs Tor läuft. Unter den Mauern wirken Menschen wie geschrumpft.

➤ S. 92, Weinstraße

FREINSHEIM 8

Wehrhaft! Eines der imposantesten Bauwerke der Pfalz ist die mächtige Stadtmauer– Mittelalterflair garantiert!

Tipp: Folg der Südlichen Ringstraße, auf der sich Fachwerkbauten wie Brücken über die Straße spannen.

➤ S. 94, Weinstraße

DOM ZU SPEYER 9

Fast tausend Jahre alt ist die Kathedrale in der Rheinstadt. Kein Wunder, dass sie so viel zu erzählen hat.

Tipp: Treppen laufen lohnt sich: Vom Domturm aus fängst du in einem Bild die gesamte Vorderpfalz ein.

➤ S. 100, Rheinebene

FUN FOREST KANDEL 10

Im Seil hängen kannst du anderswo. Im Kletterpark in Kandel musst du es fest im Griff haben, um die Partie zu genießen.

➤ S. 104, Rheinebene

INHALT

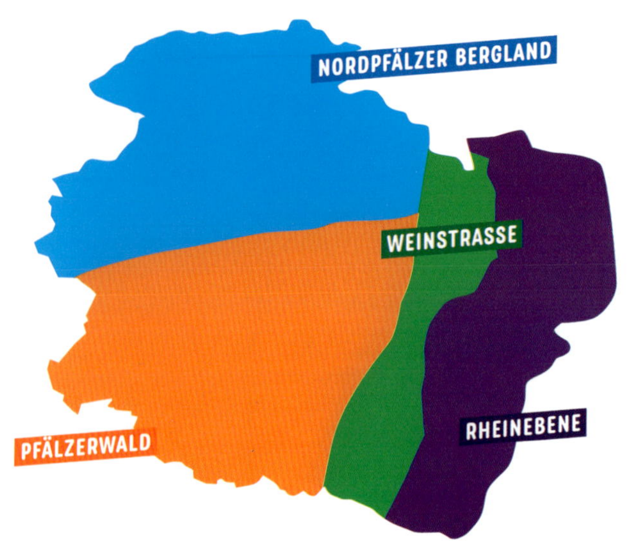
NORDPFÄLZER BERGLAND
WEINSTRASSE
RHEINEBENE
PFÄLZERWALD

MARCO POLO TOP-HIGHLIGHTS

DAS BESTE ZUERST

SO TICKT DIE PFALZ

ESSEN, SHOPPEN, SPORT

MARCO POLO REGIONEN

ERLEBNISTOUREN

GUT ZU WISSEN

 Besuch planen
€-€€€ Preiskategorien

 Essen/Trinken
 Shoppen
 Ausgehen

(A2) Herausnehmbare Faltkarte
(0) Außerhalb des Faltkartenausschnitts

BESSER PLANEN MEHR ERLEBEN!

Digitale Extras
go.marcopolo.de/app/pfa

MARCO POLO

DIGITALE EXTRAS

DIGITAL NOCH MEHR ERLEBEN

Schneller in Urlaubslaune kommen.

Perfekt organisiert sein – vor, während und nach dem Urlaub.

Mit der MARCO POLO Touren-App und unseren digitalen Angeboten.

Noch mehr Trendziele, Inspiration und aktuelle Infos findest du auf **marcopolo.de**

Werde Teil unserer Reise-Community und folge uns auf **Instagram** und **Facebook!**

SO EINFACH GEHT'S

1. Website besuchen
2. Die digitale Welt von MARCO POLO entdecken
3. App runterladen und ab in den Urlaub

Alle Infos zum digitalen Angebot unter **marcopolo.de/app**

DAS BESTE ZUERST

Beschauliche Landschaft mit vielen grünen Reben – das ist die Weinstraße

BEST OF

BEI REGEN

SCHÖN, AUCH WENN ES REGNET

TIERSCHAUEN IM TROCKENEN

Wenn der Regen von oben kommt, schaust du, was Tiere machen, die ohne Wasser nicht leben können. Im *Sealife* in Speyer etwa. Auf dem Trockenen hingegen sitzen Echsen und Co. im *Reptilium* in Landau.

➤ S. 101 & 81, Rheinebene & Weinstraße

SHOPPEN FÜR FORTGESCHRITTENE

Ob in den *Fußgängerzonen* der großen und kleinen Städte oder als Sparfuchs im Zweibrücker *Outlet Center:* Beim Shopping in der Pfalz kannst du deine Wanderkilometer auch getrost nach drinnen verlegen.

➤ S. 69, Pfälzerwald

SCHAUEN UND STAUNEN

Es regnet, und du hast trotzdem was vom Tag: Kunst und Kultur gibt es im *Historischen Museum* in Speyer zu sehen – von dort lohnt ein Abstecher ins *Technik Museum* (Foto), wo neben vielen motorisierten Exponaten auch ein Jumbo Jet zu besichtigen ist.

➤ S. 101, Rheinebene

TROTZ REGEN AN TROCKENEN FELSEN KLEBEN

Bei Regen klettern? Na klar! Um für sonnige Tage im Training zu bleiben, bietet die kreativ gestaltete Boulderhalle *Rocktown* in Kaiserslautern tolle Möglichkeiten.

➤ S. 63, Pfälzerwald

STERNE GUCKEN

Dem wolkenfreien Sternenhimmel, der am helllichten Tag auf die Projektionsfläche der *Planetariumskuppel* in Mannheim geworfen wird, macht das Schmuddelwetter rein gar nichts aus. Und lehrreich ist so ein Besuch bei den Astroforschern natürlich noch dazu.

➤ S. 106, Rheinebene

VIELFÄLTIG, BUNT UND KOSTET NIX

In etlichen Pfälzer Parklandschaften offenbart sich dir eine unglaubliche Artenvielfalt, für die man andernorts Eintritt zahlen müsste, wie beispielsweise im *Südpark Landau*.

➤ S. 82, Weinstraße

DER GIPFEL DER PFALZ

Kelten siedelten etwa 150 v. Chr. auf dem 687 m hohen *Donnersberg*. Auf dem *Keltenweg* lässt sich viel Geschichtliches erfahren. Vom *Ludwigsturm* aus erlebst du einen weiteren sehenswerten Höhepunkt – eine wunderbare Aussicht, die nichts kostet (Foto).

➤ S. 46, Nordpfälzer Bergland

SAGENHAFTE ERLEBNISWELT

Der Sage nach soll der Teufel in Hinderweidenthal im Pfälzerwald Rast gemacht und für seine nächtliche Vesper den Teufelstisch aufgestellt haben. Heute gibt es hier sowohl den Anblick des sagenträchtigen Naturspektakels kostenlos als auch den Eintritt zum *Erlebnispark Teufelstisch*: mit Riesenrutsche und Felsenmeer.

➤ S. 72, Pfälzerwald

LERNEN MACHT SPASS

Der *Geokulturpfad* bei Obermoschel besteht aus 30 Erlebnisstationen – gratis. Auf der Weitsprunganlage misst du dich mit den Tieren des Walds; und hast du schon mal mit einem Baumtelefon telefoniert?

➤ S. 51, Nordpfälzer Bergland

AUSSICHTSREICHE STÄTTE

Die einstigen Besatzer haben in Bad Dürkheim-Ungstein Sehenswertes hinterlassen. Auf dem Weilberg sind die gut erhaltenen und restaurierten Reste des *Römischen Weinguts Weilberg* bei freiem Eintritt zu sehen.

➤ S. 93, Weinstraße

SPIELPLATZ FÜR GROSS UND KLEIN

Da lohnt sich doch ein Abstecher über die Grenze besonders: Im französischen *Lauterbourg*, südlich des Landkreises Germersheim, liegt einer der spektakulärsten Wasserspielplätze Frankreichs mit Riesenrutschen und Luftkissen zum Greifen nah.

➤ S. 105, Rheinebene

MIT VOLLDAMPF DURCH DIE LANDSCHAFT

Die Faszination, die Lokomotiven schon seit Generationen auf Kinder ausüben, ist ungebrochen. Auf dem *Kuckucksbähnel* des Neustädter Eisenbahnmuseums wird Geschichte lebendig (Foto).

➤ S. 87, Weinstraße

LUCHSE, WILDPFERDE UND AUEROCHSEN BESTAUNEN

Im Ludwigshafener *Wildpark Rheingönnheim* kommt man heimischem Wild ganz nah und hat die Nähe zur Stadt schnell vergessen.

➤ S. 106, Rheinebene

SPANNENDE WISSENSCHAFT ZUM MITMACHEN

Eine Ausstellung mit interaktiven Mitmachstationen, dazu spannende Videos und ein Wissensparcours führen Kinder, Jugendliche und ihre Eltern durch das Science Center *Dynamikum*.

➤ S. 66, Pfälzerwald

AUF ZEITREISE GEHEN

Für Kinder, die alles Historische und Sightseeing generell zum Gähnen finden, ist die *Burg Berwartstein* der ideale Beweis, dass Geschichte auch anders kann. Durch die finsteren Gänge der Burg geht's im Licht von Fackeln in den Ritteralltag, einmal ringsum führt ab Erlenbach bei Dahn ein kindgerechter Wanderweg.

➤ S. 74, Pfälzerwald

KREATIVE MUSEENKULTUR

Wer sagt denn, dass Geschichte und Sammlungen immer trocken sein müssen? In der Pfalz geht es kurios zu, und ausgestellt wird Großes und Spektakuläres wie im *Museum für Zeit* in Rockenhausen oder scheinbar Banales Weinwerkzeug im *Korkenziehermuseum* in Leinsweiler.

➤ S. 49 & 84, Nordpfälzer Bergland & Weinstraße

FESTE FEIERN

Wer im Pfalzurlaub nicht wenigstens eines der vielen Weinfeste besucht hat, hat die Region nicht wirklich erlebt. Dabei sind es auch die kleineren Feste, die ganz besonderen Charme zeigen. Etwa das *Kalmitweinfest* in Ilbesheim mitten in den Weinbergen.

➤ S. 123, Feste & Events

AUF VIELEN WEGEN

Wenn du gern wanderst, bist du in der Pfalz genau richtig. Mehr als 12 000 km markierte Wege gibt es im Pfälzerwald, dem größten zusammenhängenden Waldgebiet Deutschlands (Foto). Besonders schön: die *Prädikatsfernwege.*

➤ S. 37, Sport

MAUERN MIT GESCHICHTE(N)

Wenn Steine reden könnten, gäbe es in der Pfalz einiges zu hören. Etwa von Kaiser Friedrich Barbarossa und anderen Promis früherer Zeiten, die hier ihre Spuren hinterlassen haben. Eine der größten und sehenswertesten Burgen ist die *Madenburg* bei Eschbach.

➤ S. 84, Weinstraße

ROTE TEUFEL

In Kaiserslautern schlägt das Herz der Pfälzer Seele – im Fritz-Walter-Stadion, auf dem *Betzenberg,* wo die Kicker des 1. FC Kaiserslautern zu Hause sind. Die Atmosphäre im Stadion ist und bleibt einmalig – egal in welcher Liga gerade gespielt wird.

➤ S. 62, Pfälzerwald

SO TICKT DIE PFALZ

Japan-Feeling in der Pfalz: Mandelblüte in Gimmeldingen

ENTDECKE DIE PFALZ

Auf in den Pfälzerwald, wer von bizarr verwitterten Felstürmen nicht genug bekommt!

Burgen, Reben und Legenden prägen die sonnenverwöhnte Gegend im Süden von Rheinland-Pfalz, die über die Jahre römische, französische und bayerische Einflüsse geprägt haben. Und natürlich der Rhein, der Handel und Industrie hier groß gemacht hat.

Die Sonne zeigt sich langsam am Himmel und taucht die noch sattgrünen Rebenblätter in ein mildes Licht. Die Luft ist feucht und dampft in der sanft aufsteigenden Hitze zwischen den Zeilen im Weinberg. Das Gras auf dem Boden ist nass, und auf den Blättern liegen Tautropfen. Die Stille wird nur durchbrochen von einigen Arbeitern, die routiniert mit Scheren und Eimern zwischen den Trauben hantieren. Kinder laufen mit den gefüllten Behältern zum Hänger; aus der Entfernung sieht es so aus, als würden Ameisen über eine Wiese krabbeln – es ist Lesezeit. Und die Pfalz ist in ihrem Element.

REBEN ÜBER REBEN

Im Herbst – zwischen Mitte September und Ende Oktober – präsentiert sich die Region von ihrer schönsten Seite. Die Winzer haben jetzt die meiste Arbeit, Touristen haben dagegen die beste Zeit erwischt, um in der Pfalz Urlaub zu machen. Im

55 v. Chr. Die Römer herrschen über das Gebiet der heutigen Pfalz und etablieren die Provinz Germania Superior, der fast die gesamte heutige Pfalz angehört

496 König Chlodwig schlägt die Alemannen, die Franken kommen in die Pfalz

1029 Baubeginn des Kaiserdoms in Speyer unter Konrad II.

1214 Das Haus Wittelsbach wird bestimmende Kraft

1816 Nach den Napoleonischen Kriegen fällt die Pfalz als Rheinkreis an Bayern

zweitgrößten der 13 deutschen Weinanbaugebiete werden in diesen Monaten die Gästebetten knapp. Der Wein, die Haupteinnahmequelle der Pfalz, wird das nie. Ungefähr 2,5 Mio. Hektoliter Ertrag liefern die schätzungsweise 100 Mio. Rebstöcke, jede dritte Flasche des in Deutschland produzierten Weins stammt damit aus der Pfalz. Ein nicht unerheblicher Teil davon wird auch von den Pfälzern getrunken, zum Beispiel bei den knapp 200 Weinfesten, die hier Jahr für Jahr in allen Winkeln der Region gefeiert werden.

SPORTLICHE HERAUSFORDERUNGEN

Ebenso wichtige Einnahmequelle ist der Tourismus. Etwa 1,6 Mio. Reisende besuchen jährlich die Pfalz, ein Viertel davon aus Deutschland – nicht nur zur Weinlese. Gerade für Outdoor-Fans ist die Region extrem vielseitig, landschaftlich abwechslungsreich und bietet beste Möglichkeiten für eine außergewöhnlich schöne Auszeit. Auf dem Mountainbike oder Wanderwegen vorbei am Buntsandstein des Dahner Felsenlands, surfend auf den Baggerseen der Südpfalz, auf dem Kanu oder der Draisine durch das Nordpfälzer Bergland oder ganz entspannt radelnd auf Rheinpromenaden und durch die naturgeschützten Gebiete des Altrheins.

INSIDER-TIPP
Träum vom Meer

SCHÄTZE SCHLUMMERN ÜBERALL

Zwischen Pfälzerwald, Rebenmeeren längs der Weinstraße und des Nordpfälzer Berglands werden Schatzsucher fündig, wenn sie den Landstraßen von einer Gemeinde zur nächsten folgen. Da sorgen mal Tabakscheunen und Hofläden für den Charakter eines Dorfs, dann wieder versprühen originalgetreues Fachwerk

1832 Demonstration beim Hambacher Fest für demokratische Rechte

1946 Die Besatzungsmächte gründen das Land Rheinland-Pfalz

1954 Fünf Spieler des 1. FC Kaiserslautern werden in Bern Fußballweltmeister

1982 Mit Helmut Kohl (CDU) wird der erste Pfälzer Bundeskanzler

2022 Nach Jahren der Drittklassigkeit steigt der 1. FC Kaiserslautern wieder in die 2. Bundesliga auf und wilder Wein unwiderstehlichen Charme. Aussteigen und auf Erkundungstour gehen lohnt sich. Zumal sich hier auf den Dörfern, die wie Sankt Martin oder Rhodt unter Rietburg zu den malerischsten Deutschlands gehören, schnell Kontakt zu den Einheimischen knüpfen lässt. Die werden dich mühelos mit ihrer Liebe zur Region anstecken.

VIELFALT AUF KLEINEM RAUM

Mit gerade einmal 5500 km² Fläche ist die Pfalz, die im Süden ans Elsass, im Westen ans Saarland, im Norden an den Hunsrück und im Osten an Hessen und Baden grenzt, gerade einmal doppelt so groß wie das Saarland. Umso erstaunlicher ist ihre Vielseitigkeit. Wie an der Schnur gezogen scheint die Grenze zwischen den Vegetationen zu sein: dem ertragreichen Wein-, Obst- und Gemüseanbau auf der einen Seite und den dichten Waldflächen, die kaum einen Sonnenstrahl auf den Boden lassen, auf der anderen. Hier haben bizarre Felsgebilde, die über Zehntausende von Jahren entstanden sind, ihre Heimat und bieten abenteuerliche Reviere für Kletterer sowie Aussichtsplattformen für Wanderer. Genauso beeindruckend sind die zahlreichen Burgen in der Pfalz, die von mittelalterlichen Zeiten erzählen. Kirchen, Mauerreste und alte Fachwerkhäuser stimmen in diesen Dialog ein.

MODERNE UND TRADITION

Was nicht bedeutet, dass die Pfalz sich nur auf ihre Legenden und Geschichten konzentrieren muss, um Menschen anzulocken. Viele Attraktionen legen Jahr für Jahr nach und investieren, um immer mit den aktuellsten Entwicklungen mitzuhalten. Das Speyerer Technik-Museum etwa, wo es Flugzeuge, Schiffe und sogar ein Spaceshuttle zu erkunden gibt, der Exotenzoo Reptilium in Landau, der Holiday Park in Haßloch mit rasanten Achterbahnen und das naturwissenschaftliche Mitmachmuseum Dynamikum in Pirmasens.

IN DIE ZUKUNFT DES WEINS MIT DER „JUNGEN PFALZ“

Eines muss man den Pfälzern dabei zugutehalten: Sie bleiben sich selbst und ihren Traditionen treu. Das war schon vor 2000 Jahren so, als die Römer kamen und den Weinbau mitbrachten. Wie wichtig überlieferte Gebräuche sind, zeigt sich vor allem in diesem Wirtschaftszweig. Hier liegen Tradition, Innovation und Kreativität von jeher dicht beieinander und werden durch die enge Zusammenarbeit zwischen den Generationen gefördert. Seit einigen Jahren etwa vernetzen Projekte wie „Generation Pfalz“ oder die „Junge Pfalz“ den innovativen Winzernachwuchs. Und der hat sich vor allem auf die Fahne geschrieben, den Ruf des Pfälzer Weins zu bewahren und ihn sicher in die Zukunft zu führen. Und dabei zu zeigen: Aus der Mode gekommen ist das Pfälzer Lieblingsgetränk noch lange nicht, auch wenn es häufig noch heute so erzeugt wird wie schon vor Hunderten von Jahren.

AUF EINEN BLICK

1.420.700
Einwohner in der Region

München: 1.487.700

1798km²
Fläche des Naturparks Pfälzerwald
Damit knapp 2,5 Mal so groß wie die Fläche von Hamburg

685.000
Gäste

Besucherrekord beim Dürkheimer Wurstmarkt, damit ist das Fest das mit Abstand größte Weinfest der Welt

BURGRUINEN:
KNAPP 500
Damit hat die Pfalz die höchste Burgendichte Deutschlands.

LÄNGSTE ACHTERBAHN-DAUERFAHRT:
192 Std.
von Richard Rodriguez 2013 im Holidaypark Hassloch

DURCHSCHNITTS-TEMPERATUR:
10,8 °C
in Bad Bergzabern; viertwärmster Ort Deutschlands

DIENSTÄLTESTE TATORT-KOMMISSARIN DES LANDES:

Ulrike Folkerts spielt seit 1989 bereits in über 70 Tatort-Filmen die Ludwigshafener Krimi-Ermittlerin Lena Odenthal.

172.500
Einwohner hat die größte Stadt der Pfalz: Ludwigshafen

23.684 HEKTAR
Anbaufläche Pfälzer Weins; davon ein Viertel Riesling

HERRENHOF IN MUSSBACH ÄLTESTES WEINGUT DER PFALZ (SEIT DEM 7. JH.)

DIE PFALZ VERSTEHEN

KINDERTRÄUME

Wusstest du, dass der Weihnachtsmann quasi Pfälzer ist? Also nicht der heilige Nikolaus, der die Kunstfigur mit rotem Mantel und Rauschebart inspiriert hat, der kam ja bekanntlich aus der heutigen Türkei. Aber eben selbiger Rauschebartmann hätte ohne den gebürtigen Landauer Thomas Nast niemals so viele Kinder zum Träumen gebracht. Nast, dessen Familie Mitte des 19. Jhs. in die USA emigrierte, gilt als Begründer des politischen Cartoons und schuf neben dem Abbild von Santa Claus auch die heutigen Logos der demokratischen und republikanischen US-Partei. In seiner Heimatstadt ist der Weihnachtsmarkt nach ihm benannt, einer der schönsten in der Region.

GESCHICHTSTRÄCHTIG

Augen schließen und dann von Burgfräulein und Ritter träumen? Na gut, lass die Augen doch lieber offen, wenn du die Burgen stürmst. Denn auf den Waldwegen, die zu ihnen hinaufführen, warten mitunter Stolperfallen. Knapp 500 Burgen standen einst in der Pfalz – von vielen von ihnen sind heute nicht mal mehr die Grundmauern zu sehen. Andere wiederum sind extrem gut erhalten und erzählen ihren Besuchern noch heute Geschichten längst vergangener Tage. Etwa aus der Zeit, als im 12. Jh. der englische König Richard Löwenherz auf dem Trifels bei Annweiler gefangen gehalten wurde und die Raubritter auf Burg Berwartstein ein und aus gingen, oder natürlich als 1832 am Hambacher Schloss die Grundlage für die Demokratie geschaffen wurde. Die vielen Burgen zeigen, dass selbst vor Jahrhunderten Könige und Kaiser einen Lieblingsort in der zentral gelegenen Pfalz gefunden hatten, und mit ein bisschen Fantasie ist man schon nach einem einzigen Blinzeln mittendrin in ihrer Zeit.

MITTEILUNGSBEDÜRFTIG

„Du horschemol, ich muss dir noch was verzeele", dringt die etwas lautere Stimme am Nebentisch zu dir herüber. Das Pfälzer Mitteilungsbedürfnis ist groß, die Töne sorgen für das Klischee des „Pälzer Krischers". Aber keine Angst, fürs geübte Ohr ist es dann doch gar nicht mal so schwer, den Gesprächen am Stammtisch zu lauschen. Lass dich vom breiten Akzent, der teilweise von Gemeinde zu Gemeinde variiert, nicht schrecken und stürz dich ins Getümmel. Was er, also der Pfälzer, am Nachbartisch am Ende „zu verzeele" hat, verspricht meist, spannend zu werden.

SPRUDELNDE ENERGIE

Was im ersten Moment ziemlich exotisch klingt und an weit entfernte Ölfelder irgendwo in Texas erinnern mag, ist in der Pfalz überraschender Alltag: Über 150 000 Tonnen Erdöl werden hier in der Region jährlich gefördert. Die größten Abbaugebiete liegen in Landau und Speyer, wo man zumindest aus einiger Entfernung

Elwedritsche, die Pfälzer Fabelwesen, gibt es in vielen Formen – hier eine Ming-Dritsche

den Pferdekopfpumpen bei ihrer Arbeit zusehen kann. Und damit versorgt die Region ihren Bedarf nun selbst, fragst du dich? Weit gefehlt: Statistisch gesehen, wurden seit Beginn der Bohrungen am Standort Landau 1955 insgesamt gut 4,5 Mio. Tonnen abgebaut. Verbraucht wird diese Menge Erdöl weltweit an nicht mal einem halben Tag.

JAGD AUF LEGENDEN

Eigentlich ist die Geschichte, die hinter der Entstehung der Kultfabelwesen Elwedritsche steht, ziemlich frech: Bauernburschen irgendwo auf dem Land haben die Elwedritsche erst zum Leben erweckt. Denn: Es kam der böse Städter zu Besuch, wollte Steuergelder eintreiben und bekam stattdessen den Bären von der Elwedritsch aufgebunden. Die sei, so versicherten die Jungs ernsthaft, in den hiesigen Wäldern zu Hause, seit einmal ein Gewitter das Federvieh der umliegenden Höfe hinausgetrieben hätte. Im dunklen Wald würden sich seitdem nun die Gänse, Enten und Hühner mit Kobolden und Elfen vermehren und nicht nur eigenwillig aussehen, nein, sie würden auch gern gejagt werden. Der Städter ließ sich voller Ehrgeiz in den Wald führen und wurde prompt sich selbst überlassen. Es ist dabei nicht überliefert, ob irgendjemandem jemals ernsthaft etwas passiert ist, seit diese Abenteuergeschichte kursiert. Und so kam es dazu, dass man ganz ohne schlechtes Gewissen die Elwedritsch zum Pfälzer Kultobjekt ernannt hat, die in Brunnen, Wanderwegen und etlichen Stadtchroniken mitspielt und angeblich genauso gern Weinschorle trinkt wie der Pfälzer selbst.

TEUFELSLIEBE

Die pfälzische DNA ohne den 1. FC Kaiserslautern? Undenkbar! Nichts, was generationenübergreifend die Pfälzer Leidenschaft stärker bündelt – ob erste oder dritte Liga, ob fußballaffin oder nicht. Glaubst du nicht? Kleines Experiment: Fahr an irgendeinen Ort in der Pfalz, such dir den erstbesten Pfälzer und frag – je nach Alter –, was er getan hat, als „de Klose Miro" – Miroslav Klose startete seine Karriere beim 1. FCK – 2014 für Deutschland als Torschützenkönig in die Annalen einging, als „König Otto" 1998 das Unmögliche möglich machte und den Aufsteiger zum Meistertitel führte oder gar als Rahn 1954 schoss und Herbert Zimmermann zu seinem legendären vierfachen „Toooor!"-Ruf ansetzte. Du wirst mit diesen Fragen in kürzester Zeit die Herzen gewinnen und somit Einblick ins Pfälzer Seelenleben. Und ob du willst oder nicht: Auch in deinem Herzen werden die „Roten Teufel" danach ein kleines Plätzchen haben!

WENN ZWEI SICH STREITEN ...

Fast ein Jahrtausend lang waren die Kelten das vorherrschende Volk im

Teufel noch mal: Aber dem 1. FCK verging das Lachen auch in der dritten Liga nicht

Gebiet der heutigen Pfalz, wie etliche Ausgrabungen aus den vergangenen Jahrhunderten belegen. Harmonisch hätte es noch länger zugehen können, wären um die Zeitenwende herum nicht auch die Römer auf das klimatisch fast italienisch anmutende Gebiet aufmerksam geworden. An beide historisch bedeutende Völker erinnern heute neben zahlreichen Bodenfunden und Museumsstücken auch konservierte Keltendörfer etwa in Steinbach in der Westpfalz oder Reste römischer Siedlungen wie in Bad Dürkheim. Die Römer wussten die klimatischen Vorzüge der Pfalz zu schätzen und schufen hier entlang des Haardtrands großzügige Landsitze mit Badetrakten, teils wahre Wellnessoasen! Erfolg hatten aufgrund von Völkerwanderung und Co. letztlich weder Kelten noch Römer mit dem Vorhaben, sich hier auf Dauer anzusiedeln – Vorfahren der heutigen Pfälzer waren die Franken.

SONNENVERWÖHNT

Südfrüchte in Deutschland? Aber hallo! In der Pfalz gehört der Anbau von Feigen, Kiwis und Zitronen zum Alltag der zahlreichen Landwirte. In den gemäßigten Lagen, wo traditionell Spargel, Tabak, Mais, Zuckerrüben und Sonnenblumen gediehen, sind die Exoten schon lange heimisch und fühlen sich – wie die Ernte Jahr um Jahr beweist – pudelwohl. Rund 50 000 Feigensträucher etwa liefern 800 000 Früchte pro Jahr, und die Pfälzer Sonne scheint ihnen ein ganz besonderes Aroma zu verleihen – das lässt der Beliebtheitsgrad zumindest erahnen.

KLISCHEE KISTE

ALLES AUSSER HOCHDEUTSCH

Mit dieser Aussage brüsten sich zwar vor allem die Nachbarn aus dem südlichen Baden-Württemberg – was nicht bedeutet, dass sie auf den Pfälzer nicht ebenfalls zutrifft. Bewiesen haben das bereits Bundeskanzler wie Fußballweltmeister, doch die Pfälzer Liebenswürdigkeit und ein bis zwei Schoppen Rieslingschorle sorgen immer wieder dafür, dass die Völkerverständigung unproblematisch funktioniert.

WEINSELIG

Die Pfälzer und ihr Wein – an der Liebe zum heimischen Rebensaft kommt man hier nicht vorbei. Etwa ein Drittel alles deutschen Weins wächst hier, auf knapp 200 Weinfesten wird das Getränk übers Jahr gefeiert, das größte mit jährlich über 600 000 Besuchern ist der Dürkheimer Wurstmarkt. Bis ins 12. Jh. reicht die Geschichte des Markts zurück, der in Wallfahrten auf den in Sichtweite gelegenen Michelsberg seinen Ursprung hatte. Auch pfälzische Weinhoheiten werden bis heute gekürt und die 85 km lange Weinstraße, die von Schweigen-Rechtenbach an der Französischen Grenze bis zum Nachbaranbaugebiet Rheinhessen führt, ist der Stolz der Region.

Wildromantisch: verschlungene Wasserwege des Altrheins im Auwald bei Germersheim

LOST PLACE IM WALD

Wenige Kilometer zwischen der deutsch-französischen Grenze und den Orten Fischbach und Ludwigswinkel begann jahrzehntelang wörtlich eine andere Welt. Eine, die offiziell zwar im Pfälzerwald lag, aber nicht mehr zu Deutschland gehörte, sondern hinter bedrohlich wirkenden Stacheldrahtbarrieren bis 1993 als Waffenlager der US-Armee genutzt wurde. Heute folgt man idyllischen Waldwegen in die Denkmalzone Area One (s. S. 112), einen der wohl größten Lost Places in ganz Deutschland. Zwischen verlassenen Betonbauten, Zaunresten und Infotafeln geht es hier auf eine spannende Reise in die Geschichte Europas.

SOMMERFRISCHE

Wer braucht schon die Alpen, wenn der Sommer an die Haardt ruft? Seine pfälzischen Untertanen machten Bayernkönig Ludwig I. – etwa im Rahmen ihrer Rolle beim Hambacher Fest – zwar immer wieder Sorgen, dennoch gehörte die Pfalz zu seinen Lieblingsregionen. Hier erbaute er 1846 seine italienisch anmutende Villa Ludwigshöhe in Edenkoben, eine Sommerresidenz mit Sonnengarantie, denn die

Pfalz galt schon damals als Toskana-Ersatz nördlich der Alpen. Auch der heute größten pfälzischen Stadt Ludwigshafen, die binnen kurzer Zeit zum wichtigen Handels- und Industrialisierungsstandort wurde, verlieh der Bayernkönig seinen Namen.

SCHLEIFEN ZIEHEN

Ach, ist das schön! Einige Stunden einfach durch die Altrheinarme paddeln. Und danach am Ufer des großen Rheins sitzen, ein Eis oder einen Becher Winzerglühwein in der Hand und das Treiben beobachten. Möwen verbreiten ein Gefühl von hoher See, und immer wieder schippern dick beladene Frachter an einem vorbei. Wo die nur hinwollen? Dass sie hier überhaupt fahren können und die Region damit eine Rolle für Industrie und Handel spielen konnte, ist der Rheinbegradigung im 19. Jh. zwischen Karlsruhe und Mannheim zu verdanken, einer Maßnahme, die in dieser Größenordnung deutschlandweit einzigartig ist und fast 60 Jahre dauerte. Das Resultat sind diese urwaldartigen Gebiete rund um die ehemaligen Schleifen, die Altrheinarme – Orte für Erholung und Artenvielfalt. Der begradigte Hauptfluss indes sorgt dort, wo die Schleifen den Flusslauf natürlich verlangsamten, zu einem Hochwasserproblem. Baden sollte man hier vergessen, und wenn du am Ufer sitzt, sind Gummistiefel manchmal gar keine schlechte Idee.

WALK OF FAME

Hier eine impressionistische Ausstellung, da eine Straße, die nach Max Slevogt benannt ist. Max, bitte wer? Slevogt gehört zu den bedeutendsten Vertretern des deutschen Impressionismus, sein liebstes Motiv: die Pfalz, vor allem die Weinstraße. Dabei war der gebürtige Landshuter, den die Liebe in die Gegend von Landau zog, international gefragt, steuerte zur Weltausstellung 1900 in Paris etwa ein Bild bei, stattete deutschlandweit Theateraufführungen aus und unterrichtete als Professor Kunst in München. Zu seinem Sommersitz in Leinsweiler bei Landau kam er dennoch immer zurück und ließ sich inspirieren. Das beruht auf Gegenseitigkeit: In seiner Wahlheimat lassen sich auf einem nach ihm benannten Wanderweg einige seiner Werke quasi live und in natura wiederentdecken.

INSIDER-TIPP
Ungefiltert schön

OH LÀLÀ

Ein bisschen Hassliebe herrscht schon zwischen den Pfälzern und den französischen Nachbarn, aber irgendwie hat man sich in all den Jahren ja auch liebgewonnen. Die Zeiten der Kriege und des Besetzens sind in jedem Fall passé und wie wenig man die Grenze vermisst hat, zeigte zuletzt anschaulich die Zeit der COVID-19-Pandemie im Frühjahr 2020.

Heute wird das Miteinander größer geschrieben als das Gegeneinander, man fährt zum Einkaufen (am liebsten an Feiertagen) mal eben über die Grenze und konzentriert sich, etwa im Projekt „Eurodistrict Pamina", darauf, wie man gemeinsam stärker werden kann.

ESSEN SHOPPEN SPORT

Unfassbar – das Riesenfass von Bad Dürkheim

er Riesenfaß
75 Jahren
WARSTEINER

ESSEN & TRINKEN

So absurd viele Elemente der pfälzischen Küche im ersten Moment klingen mögen, wer einmal mutig war und das Experiment gewagt hat, wird die Kulinarik der Region zu schätzen lernen.

Die stützt sich heute wie damals am liebsten auf Produkte aus der Heimat, ohne weite Wege und Schnickschnack. Was nicht bedeutet, dass es nicht auch mal edler zugehen darf.

WELTMÄNNISCH RUSTIKAL

Wer die Pfälzer Cuisine nur mit Saumagen verbindet, der muss ein barbarisches Bild von den Küchen in der Pfalz vor Augen haben. Klar, das Gericht aus Kartoffeln, Schweinfleisch und Brät, das traditionell im Saumagen zubereitet wird, ist fest in der DNA der Region verwurzelt – und sein Name schreckt heute nicht nur Vegetarier ab. Aber auch zu einem guten Saumagen gehören Finesse und Technik. Seinen Ruhm hat er Altkanzler Kohl zu verdanken. Aber die Tradition reicht weit zurück. Und nur gelebte Tradition verdient den Namen, weshalb die Pfälzer Köche nicht davor zurückscheuen ihre Stammgerichte in vielerlei Varianten durchzuspielen.

HAUSGEMACHTES NEU ERFUNDEN

Es stimmt ja auch: Vieles an der Pfälzer Küche ist deftig und kräftig, so wie die Hausmacher Wurst und alles, was man aus einem Schwein machen kann. Leberknödel, Bratwurst und Co. sind fester Bestandteil der Speisekarten und kommen immer mit frischem Sauerkraut auf den Teller. Spitzenköche haben sich des Themas aber mittlerweile auf ihre ganz eigene Art angenommen und aus dem Urprodukt neue Kreationen geschaffen, die sie in ihren Restaurants servieren. Aus der Blutwurst wird dann schnell mal ein Duett oder eine Trilogie aus Praline, Bonbon oder

Zu einer Pfälzer Schlachtplatte passt sowohl Weiß- als auch Rotwein

Strudel. Der Ideenreichtum der Pfälzer Haute Cuisine kennt da kaum Grenzen. Vorreiter der Szene sind die neun mit Michelinstern ausgezeichneten Gastronomiebetriebe in der Pfalz.

SÜSS UND HERZHAFT

Doch noch etwas ist typisch Pfalz: die Liebe zu Süßspeisen, die es über die Jahre irgendwie als Hauptgerichte in Omas Rezeptbuch geschafft haben – und zwar vor allem vegetarisch, denn täglicher Fleischverzehr war gerade im ländlichen Raum über lange Jahre viel zu teuer. Zu den beliebten Klassikern gehören die Dampfnudel (mit Weinschaumsoße), Kartäuserklöße („Karteiserklees" – Arme Ritter aus Brötchen, ebenfalls mit Weinsoße) sowie die legendäre Kombination Grumbeersupp mit Quetschekuche (Kartoffelsuppe und Zwetschgenkuchen). Mag im ersten Moment Überwindung kosten, schmeckt in Kombination aber tatsächlich fantastisch.

INSIDER-TIPP
Das soll zusammen schmecken?

KÖNIG RIESLING

Aber ganz egal, ob man eher bodenständig speisen oder gehobene Küche genießen möchte: Ein Viertel Pfälzer Wein passt immer, in der gemütlichen Weinstube ebenso wie im Gourmetlokal. Wichtigste Rebsorte der Region ist der Riesling, der „König der Weißweine". Er wird in der Pfalz auf über 5800 ha angebaut – das ist Weltrekord! Aber auch die weißen Burgundersorten haben eine große Bedeutung und fast 40 Prozent der Rebfläche sind mit roten Trauben bepflanzt, allen voran dem Dornfelder. Spätburgunder sowie Portugieser sind weitere wichtige Sorten, mit denen Pfälzer Winzer Jahr für Jahr beim Deutschen Rotweinpreis beachtliche Erfolge erzielen. Jeden Herbst wird in den Höfen und auf Landstraßen

Dampfnudeln machen auch als Hauptspeise satt

bereits der Federweißer, sogenannter Neier Woi, verkauft, der dann auch in den Straußwirtschaften in der milden Herbstsonne getrunken wird. Dazu gibt's traditionell Zwiwwelkuche.

REGIONAL IST TRUMPF

Fast fünfmal so groß wie die 23 000 ha große Weinanbaufläche ist die, auf der etwa 10 000 landwirtschaftliche Betriebe die Felder bestellen. Die üblichen Verdächtigen wie Kartoffeln, Spargel, Erdbeeren, Radieschen, Möhren und Blumenkohl gehören zu den wichtigsten Produkten, die vor allem in der Vorderpfalz angebaut werden. Hier sind auch die meisten Obstbaubetriebe beheimatet. Bezeichnend fürs Urlaubswetter ist, dass im milden Klima der Pfalz mit bis zu 2000 Sonnenstunden im Jahr neben Äpfeln, Sauerkirschen und Zwetschgen entlang der Weinstraße auch Feigen, Kiwis, Melonen und Zitronen gedeihen.

EIN HERZ FÜR BIO

Die Herkunft der Produkte, ein umweltschonender Anbau sowie die kontrollierte Herstellung und Weiterverarbeitung sind wichtige Komponenten und Kriterien für die Genusslandschaft Pfalz. Vom Biobier über den Biokaffee bis hin zum Biofleisch oder -honig reicht das vielfältige Angebot, das du in zertifizierten Betrieben erhältst – fast überall in der Pfalz. Vor allem beim Thema Fleisch setzen Pfälzer Unternehmer immer mehr auf heimisches Vieh wie zum Beispiel das Glanrind. Diese traditionelle Rasse des Hausrinds, die ein besonders zartes Fleisch liefert, wird heute wieder überwiegend im Freien gehalten, nachdem sie zwischenzeitlich vom Aussterben bedroht war. Es kann auf ertragsarmen Flächen weiden und wird behutsam und mit viel Zeit aufgezogen. Aber nicht nur Fleisch, auch frischer Fisch aus eigenen Gewässern gehört auf den reich gedeckten Pfälzer Tisch. Vor allem Forellen, Saiblinge oder Zander brauchen sich hinter dem Angebot von Küstenregionen nicht zu verstecken.

GEBRANNT UND VEREDELT

Das ganz besondere Aroma haben auch die Edelweinessige, die Gourmets aus der ganzen Welt nach Venningen bei Neustadt locken. In mächtigen Fässern lagern sie in einem mystischen Gewölbekeller, durch den der „Essig-Papst" Georg Wiedemann interessierte Besucher auch schon einmal persönlich führt. Wer es lieber klassisch mag, findet in zahlreichen prämierten Destillerien Selbstgebranntes – ebenfalls aus heimischen Produkten, versteht sich.

Unsere Empfehlung heute

Vorspeisen

KESSELFLÄÄSCH
auch Metzelsupp' genannt; in der Brühe, die im Wurstkessel entsteht, gegarte Fleischreste

KESCHDEBRIE
Suppe zubereitet aus frischen Esskastanien

WEINBERGSCHNECKEN
gebackene Schnecken verfeinert mit Butter und Kräutern

Hauptgerichte

FLÄÄSCHKNEPP
Fleischknödel aus gemischtem Schweine- und Kalbshackfleisch, mit scharfer Meerrettichsoße, dazu saure Gurken und Salzkartoffeln

PFÄLZER TELLER
traditionelle Mischung aus Bratwürsten, Leberknödeln und Saumagen mit Kraut, Soße und Brot

DAMPFNUDELN
in der Pfanne zubereitete Hefeteigspezialität mit knusprigem braunem Boden, dazu süßliche Vanille- oder aromatisch-herbe Weinsoße

Desserts

APFELKIECHLE
Apfelpfannkuchen, klassisch mit Zimt und Zucker

KERSCHEPLOTZER
Pfälzer Kirschkuchen aus Kirschen, Milch, Eiern und altem Brot

Snacks

BLUT- UN LEWWERWORSCHT
entweder klassisch auf gutem Brot oder in der Pfanne geröstet mit Gebredelde (Bratkartoffeln)

PÄLZER BRODWORSCHT
Bratwurst mit Sauerkraut und Kartoffelbrei

KESCHDE
Esskastanien, besonders im Winter eine leckere Knabberei für zwischendurch

Getränke

NEIER WOI
Neuer Wein oder Federweißer

SCHOBBE
klassisch im Dubbeglas (dem 0,5-l-Glas mit den auffälligen Tupfen) servierter Wein (meist als Schorle)

SHOPPEN & STÖBERN

PFÄLZER GOLD

Entlang der Weinstraße gibt es in jedem Dorf eine Vielzahl von Winzern, bei denen man nur klingeln muss – schon steht einer Weinprobe nichts mehr im Weg. Direkt beim Weinbauer zu kaufen ist am günstigsten. Zwar gibt es manche Sorten auch im Supermarkt, dort aber meist etwas teurer. Beim Winzer bekommst du je nach Abnahmemenge auch Rabatt. Einige Betriebe verkaufen nicht nur Wein, sondern auch Gelees, Brände und mehr, auch im Präsentkorb oder Geschenkkarton.

GANZ SCHÖN HOCHPROZENTIG

Was darf es sein? Ein original Pfälzer Weinbrand, sanft und aromatisch? Ein Tresterbrand vom Gewürztraminer? Ein Destillat aus den typischen Pfälzer Obstsorten wie Apfel, Kirsche oder Zwetschge? Ein Wildfruchtbrand aus Holunder, Sanddorn oder Hagebutte? Oder ein Geist aus Kardamom, Kumin oder Zimt? Du hast die Qual der Wahl. Denn in den Pfälzer Brennereien findet man ein erstaunlich breit gefächertes Angebot edler Destillate, die teils auch in Schmuckflaschen, in die etwa Destillen aus Glas eingearbeitet sind, angeboten werden.

VON SAUER BIS SAMTIG

Ein gutes Produkt ist die Grundlage für einen guten Essig – und der muss nicht immer sauer sein. Da sind sich Winzer und auch Obstbauern in der Pfalz einig. Einige veredeln ihren Most zu bestem Balsamico oder Apfelessig, die ihren aromatisch-milden Geschmack und die besondere Note oftmals durch die Lagerung in Holzfässern oder gebrauchten Barriques erhalten. Viele Wein- und Obstbauern bieten ebenfalls Essige an, Spezialität des *Dokto-*

INSIDER-TIPP
So edel wie Whisky

Große Auwahl von frischem Spargel bis schicken Schuhen

renhof (Raiffeisenstr. 5 | Venningen | doktorenhof.de) in Venningen sind Aperitif- und Trinkessige.

EINE KISTE VOLLER PFALZ

Produkte aus der Pfalz, um die Pfalz und über die Pfalz gibt es beim *Pfalzmarketing (Martin-Luther-Str. 69 | Neustadt | pfalz.de)*. In hübschen Holzkisten sind Weine mit Büchern und Pralinen, Feigenprodukte oder Marmeladen, Kastaniennudeln, Brände, Apfelprodukte oder Senf verpackt. Schöne Erinnerung an den Pfalzurlaub – und sooo lecker!

ECHT BIO

Fruchtig-süße Konfitüren und Gelees, würzige Pestos, Hausmacherwurst in Dosen oder frisches Obst findet man fast in jedem Ort. Dort, wo die Hoftore geöffnet sind und Tafeln über das Angebot informieren, kannst du einkaufen. Viele Verkaufsstände findest du auch auf Parkplätzen und Feldwegeinfahrten entlang der Landstraßen. In der Erdbeer- und Spargelzeit sowie nach der Lese sind die Landwirte mit frischen Früchten oder Federweißem im Gepäck hier besonders omnipräsent. Neben einer Vielzahl frischer, saisonaler Produkte werden oft auch Schnapsproben angeboten.

DIE PERFEKTEN BEGLEITER

Die Pfalz ist in Sachen Mode nicht vergleichbar mit New York, Mailand, London oder Paris, ist klar. Charmante und qualitativ hochwertige Schuhmode lohnt trotzdem einen Shoppingausflug in den Pfälzerwald, wo einige Geschäfte ihre Ware sogar zum Fabrikpreis verkaufen. Dreh- und Angelpunkt für deinen Einkaufsbummel ist die Gegend um die Schuhmetropole *Hauenstein,* aber auch in *Pirmasens* bekommst du Treter und Pumps zu Outletpreisen.

SPORT

Ob du beim Golf in aller Seelenruhe einlochen, gemütlich mit dem Kanu oder rasant mit dem Wakeboard übers Wasser gleiten willst, Kondition und Kraft beim Wandern und Klettern auf die Probe stellen oder die Region aus luftigen Höhen entdecken möchtest – alles ist machbar.

ANGELN

Einfach mal Ruhe, Stille und ganz im Einklang mit der Natur sein? Wie wäre es mit einem Angelausflug? Unzählige Seen sind Jagdgebiet für Angler, vor allem im Pfälzerwald und im Nordpfälzer Bergland. Auch an einigen Stellen am Altrhein ist Angeln erlaubt. Infos und Preise: *lfv-pfalz.de*

FLUG- & LUFTSPORT

Ob die Pfalz aus einer besonderen Perspektive auch besonders schön ist? Selbstverständlich, und zwar von oben: Genieß bei einer Heißluftballonfahrt mit *Ballooning Speyer (Anton-Dengler-Str. 9 | Tel. 06232 77117 | ballooningspeyer.de)* die Stille unter den Wolken und lass tiefenentspannt deine Augen über Weinberge und Wälder, Dörfer und Seen schweifen.

Wenn du es lauter und holpriger magst, kannst du etwa mit der *Flugschule Donnersberg (Kupferbergstr. 77 | Kirchheimbolanden | Tel. 0172 6807643 | flugschuledonnersberg.de)* oder dem *Segelflugsportverein Haßloch (Tel. 06324 80888 | sfsv-hassloch.de)* mit Hubschrauber, Sport- oder Segelflugzeug in die Luft gehen.

Wer den Nervenkitzel liebt, bucht beim *FSC Südpfalz (Speckstraße | Schweighofen | Tel. 0176 63137282 | fsc-suedpfalz.de)* einen Tandemsprung mit dem Fallschirm.

Im Pfälzerwald gibt es viele schöne Mountainbike-Strecken

FUSSBALL

Kicken kann man auf jedem Bolzplatz. In Dirmstein bei Frankenthal jedoch gibt es eine besondere Attraktion: den *Soccerpark (Am Alten Sportplatz | Tel. 0162 9677215 | soccerpark-dirmstein.de)*. Hier stellst du beim Fußballgolf deine technischen Fähigkeiten unter Beweis und lochst auf den 18 Bahnen, die bis zu 120 m lang sind, über Hindernisse hinweg ein. Der Spaß kostet ab 11 Euro pro Runde. Zwei 18-Loch-Anlagen stehen auch in der Südpfalz in Kandel im *Fußballgolfpark Südpfalz (Rheinzaberner Str. 1 | Tel. 0178 1417788 | fussballgolfpark-suedpfalz.de | ab 9 Euro)* bereit.

INSIDER-TIPP
Kicken statt Abschlag

GOLF

In allen Regionen der Pfalz gibt es Golfplätze *(Greenfee ab etwa 35 Euro)*, die harmonisch in die Landschaft integriert sind. Zu den schönsten gehören der *Golfgarten Deutsche Weinstraße (Kirchheimer Str. 40 | Dackenheim | Tel. 06353 989212 | golfgarten.de)*, die Golfanlage *Landgut Dreihof (Am Golfplatz 1 | Essingen | Tel. 06348 4282 | golfclub-dreihof.de)* sowie der *GC Westpfalz im Schwarzbachtal (Hitscherhof | Rieschweiler-Mühlbach | Tel. 06336 6442 | gcwestpfalz.de)*.

KANU

Mit dem Kanu auf dem Glan kannst du dich ganz auf die Landschaft konzentrieren und im eigenen Tempo paddeln. Den Einstieg und Kanuverleih findest du in Meisenheim (s. S. 52).

KLETTERN

Im Klettergebiet rund um Dahn klettern erfahrene Sportler an bizarren Felsgebilden steil aufragende Sandsteintürme hinauf. Wenn es dich zwischen Baumwipfel zieht oder du dich abseilen möchtest, sind die Hochseilgärten der Region eine Alternative. Die Kosten liegen bei etwa 15 bis 26 Euro: *Kletterwald Speyer (Erster Richtweg 5 | Tel. 06232 6581190 | kletterwald speyer.de)*; mehr als 80 Routen warten im Gimmeldinger Steinbruch in Neustadt *(Steinbruchweg 19a)*. Aber auch bei Regen müssen sich Kletterer nicht langweilen. Hallen mit großer Kletter- und Boulderfläche gibt es in Zweibrücken, Frankenthal, Landau, Kaiserslautern und Ludwigshafen.

MARATHON

Wer die Erkundung neuer Regionen am liebsten mit sportlichen Herausforderungen verbindet, der ist beim *Marathon Deutsche Weinstraße (marathon-deutsche-weinstrasse.de)* richtig, der jedes zweite Jahr im April zwischen Bockenheim und Bad Dürkheim stattfindet. Triathlon-Fans finden im Herbst in Bad Sobernheim an der nördlichen Grenze des Nordpfälzer Berglands eine spannende Strecke.

NORDIC WALKING

In 80 Nordic-Walking-Parks gibt es ca. 2000 km Wegstrecke unterschiedlicher Schwierigkeit. Die Startpunkte für die Rundstrecken sind ausgewiesen, die Restkilometer bis ins Ziel sind an verschiedenen Stellen angegeben, und die Wege bestens ausgeschildert. Infos in den Tourismusbüros und bei Pfalz-Touristik Neustadt.

RADFAHREN

Tourenvorschläge und eine Übersicht über die Rad-Erlebnistage, bei denen kilometerlange Streckenabschnitte für den motorisierten Verkehr gesperrt sind, findet man unter *pfalz-radtouren.de*. Termintipps: Autofreies Lautertal bei Kaiserslautern Anfang August; Autofreies Appelbachtal bei Wöllstein im August; Autofreies Eistal bei Ramsen am Eiswoog Anfang Oktober. 300 km Strecke stehen Bikern im *Mountainbikepark Pfälzerwald (mountainbike park-pfaelzerwald.de)* zur Verfügung, mit abwechslungsreichen Höhenprofilen und Schwierigkeitsgraden für jeden Anspruch. Eine vollständige Liste der Leihstationen für Straßenräder, Mountainbikes und Pedelecs in der Region findet man unter *pfalz.de*.

REITEN

Die Region schafft ideale Bedingungen für einen Ausritt: 28 Pfalz-zu-Pferd-Stationen *(diepfalzzu pferd.de)* gibt es in der Pfalz. Sie bieten tiergerechte Unterbringung der Pferde, Übernachtungsmöglichkeiten von der Heuherberge über den Zeltplatz und das Matratzenlager bis hin zur Ferienwohnung. Groß planen musst du als Reiter nicht. Die Leiter der Stationen kennen sich in ihrem Einzugsgebiet aus und schlagen dir gern schöne Strecken vor.

SEGELN, SURFEN & WASSERSKI

Auf einigen Altrheinarmen zwischen Karlsruhe und Ludwigshafen haben Segler ihr Revier. Auch Freunde des Surfsports finden hier beste Bedingungen, z. B. auf dem Otterstädter Altrhein. Weitere beliebte Surfspots: der Silbersee bei Bobenheim-Roxheim oder der Ohmbachsee in der Nähe von Schönenberg-Kübelberg. Infos

Auf dem Badeweiher Seehof dem Wasser so nah – und der Alltag ist weit weg

zum Segelsport beim *Landes-Seglerverband Rheinland-Pfalz (An der Eselshaut 18 | Neustadt | Tel. 06321 67 05 55 | lsv-rp.de)*. Oder steig mit der *Wasserskischule Becht (Buchenweg 11 a | Speyer | Tel. 06232 7 19 79 | wasserskischule.de)* auf Wasserskier oder den Jetski.

TRAILRUNNING

Für die Trendsportart Trailrunning sind die Donnersbergregion und der Pfälzerwald wie gemacht. Breite gesicherte Wanderwege sorgen für die nötige Sicherheit, die teils gar nicht so leichten Steigungen für sportliche Herausforderungen. Und die Aussicht, die einen auf die Gipfel treibt, ist hier weit überm Wald einfach Gold wert.

WANDERN & TREKKING

Mehr als 12 000 km Streckennetz finden Wanderer in der Pfalz, den größten Teil davon mit allen Schwierigkeitsstufen im Pfälzerwald. Die Prädikatsfernwege Pfälzer Höhenweg, Pfälzer Weinsteig und Pfälzer Waldpfad sind jeweils mehr als 110 km lang, führen über mehrere Etappen und bieten spektakuläre Aussichten, eindrucksvolle Natur und sehenswerte Architektur. Beliebt zum Rasten sind die etwa 120, meist bewirtschafteten Hütten. Infos: *Pfälzerwaldverein (Fröbelstr. 24 | Neustadt | Tel. 06321 22 00 | pwv.de), wanderportal-pfalz.de, pfaelzer-wanderwege.de* und *Pfalz-Touristik (Martin-Luther-Str. 69 | Neustadt | Tel. 06321 91 23 28)*. Wer die volle Ladung Abenteuer, Wildnis und Abgeschiedenheit möchte, kann sich auch auf ein Trekking-Abenteuer einlassen und wie einst Lederstrumpf durch die Pfalz streifen. Auf ausgewiesenen Plätzen ist das Campieren erlaubt. Infos: *trekking-pfalz.de*

DIE REGIONEN IM ÜBERBLICK

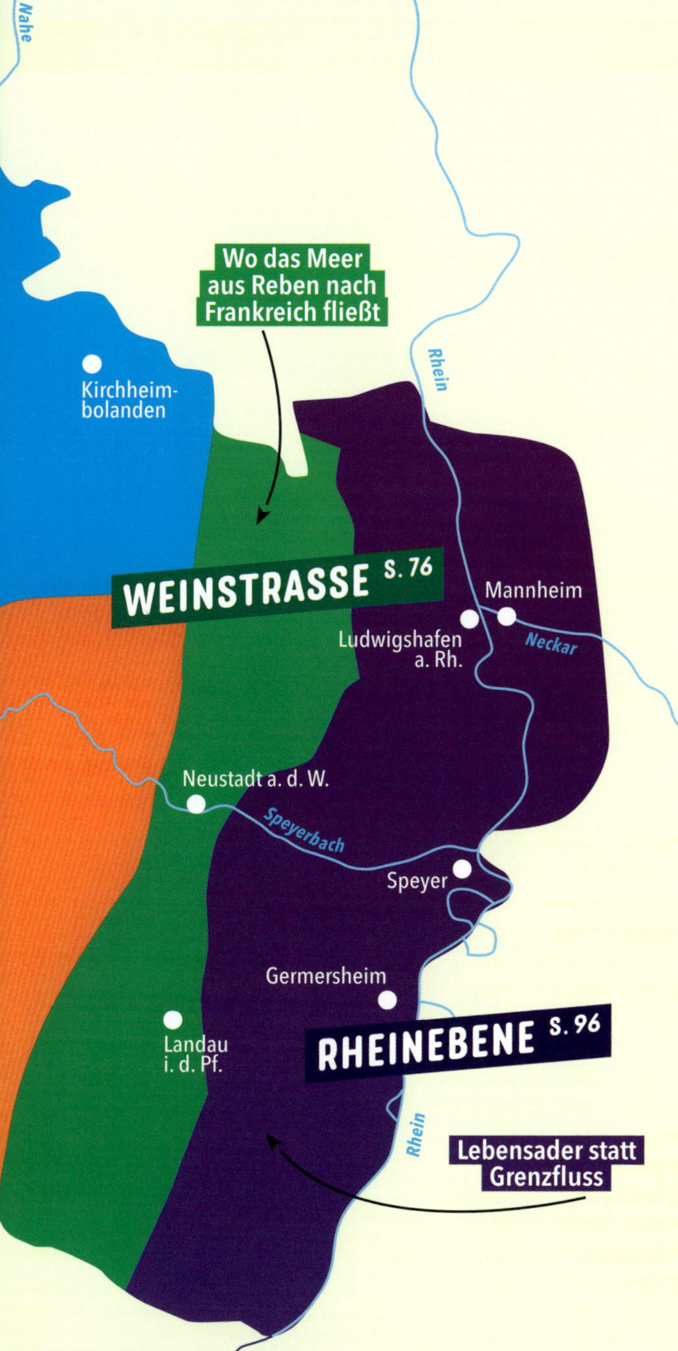

Nahe
Wo das Meer aus Reben nach Frankreich fließt
Rhein
Kirchheimbolanden
WEINSTRASSE S. 76
Mannheim
Ludwigshafen a. Rh.
Neckar
Neustadt a. d. W.
Speyerbach
Speyer
Germersheim
Landau i. d. Pf.
RHEINEBENE S. 96
Rhein
Lebensader statt Grenzfluss

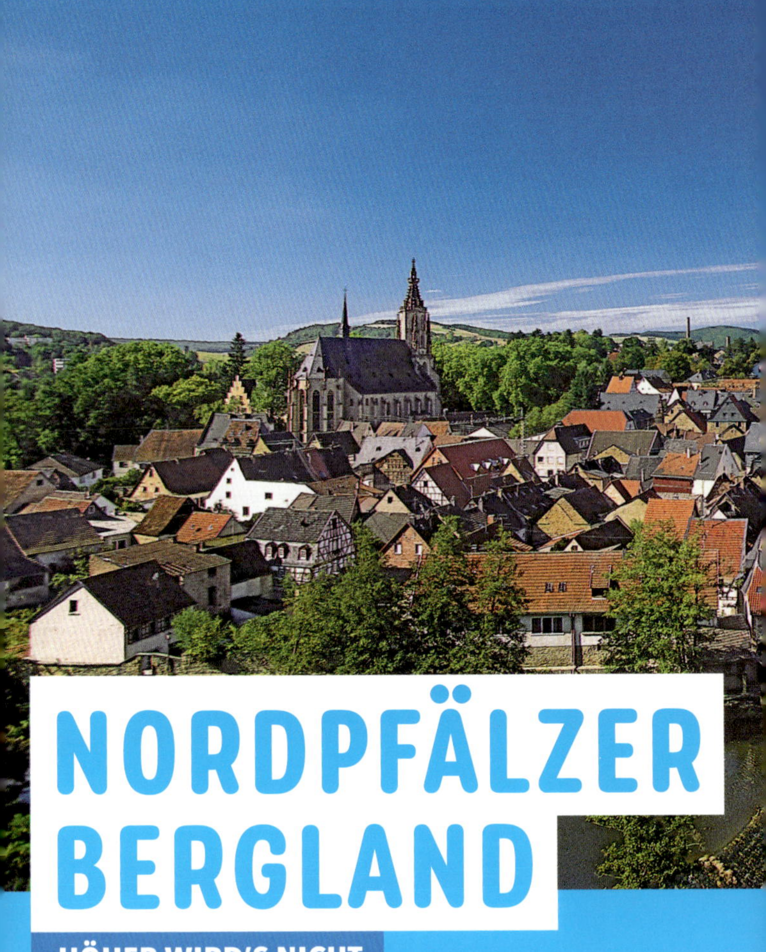

NORDPFÄLZER BERGLAND

HÖHER WIRD'S NICHT

Auf den ersten Blick wirkt das Nordpfälzer Bergland ein wenig verschlafen, fast mystisch. Hier leben die Menschen abseits vom Trubel in den touristischen Hochburgen mit einer bemerkenswerten Gelassenheit.

Hektik ist in dieser Region mit den Hauptorten Kirchheimbolanden und Rockenhausen im Osten sowie Kusel im Westen ein Fremdwort. Aber gerade diese Ruhe macht auch den Reiz dieser eindrucksvollen Landschaft aus – hier bestimmen weite Felder und tiefe Wälder, ru-

Ruhiges Städtchen mit idyllischer Umgebung: Meisenheim

hige Täler um die beiden wichtigsten Flüsse der Region, Glan und Alsenz, sowie die höchsten Erhebungen der Pfalz das Bild. Und über ihnen thront der Donnersberg als Gipfel. Mit Wanderungen, Rad- oder Kanufahrten warten so einige Aktivitäten auf dich – auf ausgedehnten, malerischen Wegen führen vielseitige Touren durch die Natur.

NORDPFÄLZER BERGLAND

MARCO POLO HIGHLIGHTS

★ **DONNERSBERG**
Kein anderer Gipfel der Pfalz kommt dem Himmel so nah ➤ S. 46

★ **PFÄLZISCHES BERGBAUMUSEUM IMSBACH**
Einblicke ins harte Leben der Bergleute bei einer Führung unter Tage ➤ S. 47

★ PFÄLZER HÖHENWEG

Sieben Etappen, 114 km Wegstrecke und 3000 Höhenmeter: Der Pfälzer Höhenweg führt dich durchs Herz der Pfalz ➤ S. 50

★ MEISENHEIM

Bei einer Kanutour über den Glan ist man der Natur ganz nah und kann herrlich abschalten ➤ S. 52

★ WILDPARK POTZBERG

Adler, Geier, Falken und Milane zeigen ihre Flugkünste ➤ S. 54

★ BURG LICHTENBERG

Auf der größten Burganlage Deutschlands genießt man Weitblicke und entdeckt die Wandermusikanten ➤ S. 55

KIRCHHEIM-BOLANDEN

(📖 G4–5) **Kirchheimbolanden bzw. Kibo (7800 Ew.), wie die kleine, am Rand des Zellertals gelegene Stadt im Volksmund heißt, war einst die Sommerresidenz der Fürsten von Nassau-Weilburg.**

Deren Name ist auch heute noch ein Begriff: Von ihm leitet sich nämlich die Bezeichnung „Nassauer" her, was so viel wie Schmarotzer bedeutet. Was die einstigen Residenten hinterlassen haben ist unübersehbar: Alle Wege führen auf den Schlossplatz im Norden, von dem alle Sehenswürdigkeiten in kurzer Zeit zu Fuß zu erreichen sind: Fachwerkhäuser, gut erhaltene Mauern und geschichtsträchtige Bauwerke.

SIGHTSEEING

STADTPALAIS & SCHLOSSGARTEN

Im Schatten des Schlosses beheimatete auch das *Stadtpalais* die historisch wichtigsten Männer der Stadt. Heute geht es hier im *Museum (Di–So 14–17 Uhr | Amtsstr. 14 | Eintritt frei | museum-kirchheimbolanden.de)* um die Stadt- und Regionalgeschichte, und in der war einiges los: Zoll-Zankereien im Mittelalter, der junge Mozart kam zu Besuch, und auch die Revolution von 1848 hinterließ ihre Spuren.

Von hier aus lohnt sich ein Abstecher in den umwerfend grünen *Schlossgarten*.

SCHLOSSKIRCHE SANKT PAUL

1740 erbaut, hat die Paulskirche bis heute ihren ursprünglichen Charakter bewahren können. Von außen wirkt sie eher unscheinbar, im Innern ist sie jedoch aufwendig gestaltet. Hier hat Mozart als junger Musiker 1778 für den Hof der Nassau-Weilburger gespielt – auf einer Orgel, die nach ihm benannt wurde und die heute noch zu sehen ist.

STADTMAUER

Der richtige Überblick ist bei diesem Gewirr an Gässchen alles. Drum: rauf auf die Stadtmauer und Kirbo einfach von oben erkunden. Unter den Türmchen fühlst du dich ins Mittelalter zurückversetzt, als der Wall (einst 800 m lang und 8 m hoch) vergeblich eingesetzt wurde, um Feinde fernzuhalten. Heute droht keine Gefahr mehr, was den Ausblick umso schöner macht.

WARTTURM & SCHNECKEN-TÜRMCHEN

Runde um Runde schlängelt sich der Weg im Südwesten der Innenstadt am Rand des Schillerhains zum kleinen von Wildnis umgebenen *Schneckentürmchen*, das selbst für die Verniedlichungsform kaum hoch genug ist, aber einfach als einer der schönsten und ruhigsten Plätze der Stadt gelten kann. Hoch hinaus geht's stattdessen auf den *Wartturm* mit seinem überragenden Fernblick.

ESSEN & TRINKEN

AKROPOLIS

Um einen kleinen Abstecher nach Griechenland zu unternehmen, muss

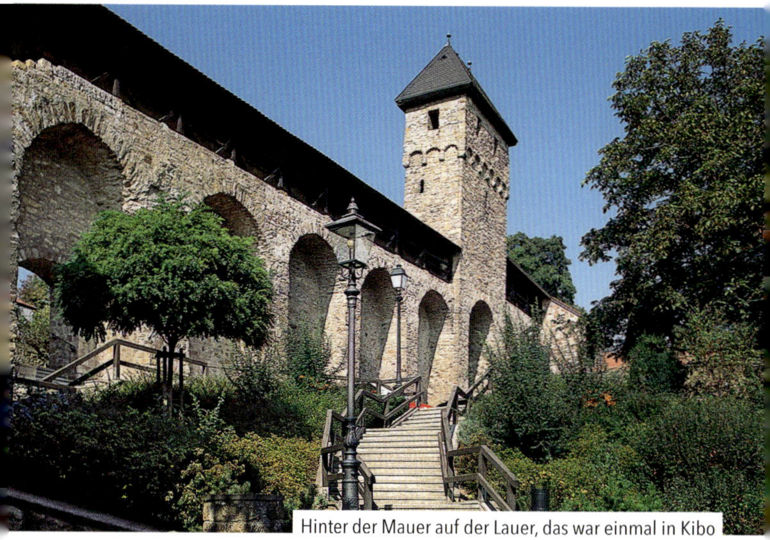
Hinter der Mauer auf der Lauer, das war einmal in Kibo

man im Zentrum des nordpfälzischen Städtchens mit Glück nur mal eben um die nächste Ecke schielen. Da fährt das griechische Restaurant Akropolis nicht nur eine riesige Auswahl an Spezialitäten zwischen Gyros und Bifteki auf, auch die Inneneinrichtung dazu passt perfekt. An Sommerabenden sitzt man besonders schön zwischen blütenweißen Statuen und Säulen im hübsch beleuchteten Garten. *Mo geschl. | Edenbornerstr. 9 | Tel. 06352 6393 | akropolis-kibo.de | €€*

BRAUHAUS AM TURM

Selbst gebrautes Bier gibt es hier seit der Jahrtausendwende wieder. Und das Naturtrübe hat viele Freunde in der urig-gemütlichen Turmschänke. Im Mittelpunkt der Küche steht passend zu den dekorativen Braukesseln das Motto rustikal und bodenständig. Das Hausbier ist der heimliche Star in Biergulasch und Saucen. *Mo/Di geschl. | Schlossstr. 1 | Tel. 06352 700333 | wordpress.brauhaus-am-turm.de | €*

INSIDER-TIPP
Wirklich hausgemacht

SPORT & SPASS

WANDERUNG ZUM DROSSELFELS

Während der Donnersberg dem wenig ambitionierten Wanderer schon beim bloßen Anblick Schweiß ins Gesicht treibt, hat Kirchheimbolanden selbst auch noch eine Art Hausberg zu bieten. Und der hat dem König der Pfälzer Bergwelt eines klar voraus: den sagenhaften Donnersbergblick. Ein leichter *Rundwanderweg (7 km | 2 Std.)* startet unweit des Friedwalds an der Römerstraße. Etwas ambitionierter ist der Weg, der Drosselfels und Schwarzfelsen verbindet *(11 km |*

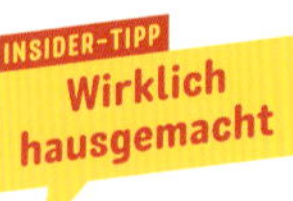

Hoch oben auf dem Donnersberg könnte man glatt nach dem Himmel greifen

3 ½ Std.). Hier ist der Einstieg am Eichenweg unweit der Pizzeria.

WELLNESS

NATURSPA IM PARKHOTEL

Umgeben von historischen Türmchen und Mauern ist das Abschalten vom Alltag im Day des Luxushotels wirklich kein Hexenwerk. Nach den Behandlungen hat man auf der Dachterrasse einen Logenplatz auf die Baumwipfel des nahegelegenen Waldes und im Sommer lohnt auch ein Besuch des Biergartens; hier soll der längste Biertisch Deutschlands stehen. *Mo–Fr 13–21.30, Sa/So 9.30–21.30 Uhr | Schillerhain 1 | ab 22 Euro | Tel. 06352 71 20 | schillerhain.de*

AUSGEHEN & FEIERN

CONNEMARA IRISH PUB

Die Klassiker, die in keinem guten Irish Pub fehlen dürfen? Na, Guinness, Murphy's – und Connemara! Der kleine Pub schenkt mit großem Erfolg sein eigenes, von einer pfälzischen Craftbeer-Brauerei hergestelltes Bier aus. Und das kann es mit den großen ohne Probleme aufnehmen. Wer es richtig urig mag: Jeden zweiten Dienstag kommen Musiker zur *Irish Music Session* zusammen. *So, Mo, Mi geschl. | Schlossstr. 29 | connemara irishpub.de*

INSIDER-TIPP
Auf ein Pint mit Molly Malone

RUND UM KIRCHHEIMBOLANDEN

1 DONNERSBERG ★

13 km von Kirchheimbolanden, 20 Min. mit dem Auto

Pssst – höher wird's nicht! Zumindest nicht hier in den Mittelgebirgen von Rheinland-Pfalz. Und auch wenn die Pfälzer Hügellandschaft Alpen und Dolomiten weder ersetzen kann noch will, solltest du dir den Ausflug auf den Donnersberg nicht entgehen lassen.
Starte deinen Aufstieg in Dannenfels am Osthang des Bergs und wander auf den Spuren der Kelten hinauf. Die jedenfalls hatten bereits um 150 v. Chr. hier oben eine Ringwallanlage errichtet, in deren Schutz schon damals Menschen lebten. Einige Meter dieser Mauer wurden wieder errichtet, und der angelegte *Keltenweg* macht Geschichte greifbar. Auf dem Gipfel angekommen, setzt der 27 m hohe *Ludwigsturm* auf die Aussicht noch eins drauf. *F5*

2 STEINBACH

13 km von Kirchheimbolanden, 20 Min. mit dem Auto

Ein Blick hinter die meterhohen Palisaden lohnt: Im *Keltendorf (April–Sept. So und Feiertage 11–16 Uhr | Eintritt 5 Euro | donnersberg-touristik.de)* in Steinbach (750 Ew.) wird der Alltag der Kelten (ca. 800–50 v. Chr.) wieder lebendig. Auf dem Gelände lernst du ganz praktisch, wie die Jagd mit Pfeil und Bogen funktionierte, und stellst sogar eigene Pfeile her. Auf dem Programm stehen aber noch etliche weitere Lieblingsbeschäftigungen der Kelten: vom Töpfern bis hin zum Arbeiten mit Kupfer und Speckstein. Eine Zeitreise der besonderen Art. *G5*

3 PFÄLZISCHES BERGBAU-MUSEUM IMSBACH ★

20 km von Kirchheimbolanden, 25 Min. mit dem Auto

Fast kann man es hören, das Klopfen und Keuchen von jahrhundertelanger Bergbaugeschichte im beschaulichen 900-Seelen-Örtchen Imsbach, wenn man eines der Besucherbergwerke betritt. Im kühl-feuchten Klima berichten die engagierten Führer vom Verein des Pfälzischen Bergbaumuseums Imsbach, die die detailverliebte Erlebniswelt betreiben, wie es denn nun gewesen ist, das Arbeiterleben zwischen Kobalt und Kupfererz. Aber vergiss den Grubenhelm nicht! Im nahe gelegenen Bergbaumuseum selbst, gibt es die passenden Rohstoffe und Werkzeuge zu sehen. Wer dazu noch gerne unterwegs ist, sollte die Wanderschuhe einpacken und entlang des Eisenwegs oder eines der beiden Kupferwege wandern, wo sich die Geschichte auf eigene Faust mitten in der Natur erkunden lässt. *Öffnungstage auf der Website | Besucherbergwerke: Langental 1, Museum: Ortsstr. 2 | bew-imsbach.de | Eintritt ab 6 Euro | F5*

4 GEOPARK DACHSBERG

8 km von Kirchheimbolanden, 10 Min. mit dem Auto

Fast wie eine Mondlandschaft wirkt der Geopark Dachsberg bei Göllheim. Im ehemaligen Steinbruch bekommst du einen gewaltigen Einblick in die Zeit vor 25 Mio. Jahren. Der Park ist ganzjährig frei zugänglich, Wissenswertes erfährt man auf Hinweistafeln. *Info-Tel. 06352 17 12 | donnersberg-touristik.de | H5*

In Rockenhausen schlägt die Stunde genauso oft wie anderswo, nur schöner

5 EISTALVIADUKT RAMSEN

24 km von Kirchheimbolanden, 30 Min. mit dem Auto über die B 47

Der Nebel hängt schwer überm Tal, die Sonne lässt sich auch noch nicht richtig blicken, und das Rascheln des Herbstlaubs lässt dich ein bisschen schaudern. Perfektes Urlaubswetter geht anders, glaubst du? Falsch. Denn dem mystischen Bild, das sich dir hier in Kombination aus stillgelegter *Eisenbahnbrücke*, Waldpanorama und malerischem *Eiswoog* bietet, steht ein bisschen Dramatik ganz gut. Am Stausee entlang führt ein *Naturerlebnispfad (8,5 km | 3 Std.)*, ganz in der Nähe startet die *Stumpfwaldbahn (Ostern–Okt. So u. feiertags | stumpfwaldbahn.de)*. Fürs Sonnenbad eignet sich ein Abstecher mit dem Ruderboot auf den Eiswoog oder die Terrasse des Hotelrestaurants *Seehaus Forelle (Mo/Do geschl. | Eiswoog 1 | Tel. 06356 6 08 80 | seehaus-forelle.de | €€–€€€)*. An Frische sind die Fischgerichte hier kaum zu überbieten. *G6*

INSIDER-TIPP
Immer dem Eisbach nach

ROCKEN-HAUSEN

(F5) **Die Stadt Rockenhausen (5300 Ew.) westlich des Donnersbergs kann auf eine lange, bewegte Geschichte zurückblicken, in der auch die Römer eine Rolle spielten.**

Wichtigstes Relikt aus dieser Zeit ist der römische Delphinbrunnen im Garten des Heimatmuseums. Es liegt nahe dem Schlossplatz, der nicht gerade groß, aber als Ausgangspunkt für einen Bummel ideal ist. Von hier aus erreicht man die verwinkelten Gassen der Innenstadt mit Geschäften und Cafés und kann einen Abstecher zur Alsenz machen, die sich gemächlich durch den Ort schlängelt. Der dörfliche Charakter zeigt sich auch durch die Baustruktur, in der Hochhäuser nicht vorkommen. Viele kleine Häuser, ein paar davon Fachwerkbauten, prägen das Ortsbild.

SIGHTSEEING

NORDPFÄLZER HEIMATMUSEUM

Heimat auf zwei Ebenen: Auf einer 450 m² großen Ausstellungsfläche breitet sich das ganze Spektrum der Vor- und Frühgeschichte der Region vor dir aus: Du erfährst viel über die Hinterlassenschaften der alten Römer, die mittelalterlichen Burganlagen und die Geschichte des Bergbaus in der Region. Dokumente und Zeugnisse veranschaulichen das Leben der Menschen im 19. Jh.

Vor dem Museum ist eine der schönsten römischen Brunnenanlagen nördlich der Alpen zu sehen, der *Delphinbrunnen* aus dem 2. Jh., in dem das Wasser in drei kleine Becken plätschert. Drinnen befindet sich eine Sammlung alter gusseiserner Öfen. *Do, So 15–17 Uhr | Bezirksamtsstr. 8 | Eintritt frei | 2 Std.*

PFÄLZISCHES TURMUHREN-MUSEUM/MUSEUM FÜR ZEIT

Über 3 m große Maschinen aus fünf Jahrhunderten sind hier zu sehen, alte Turm- und seltene Präzisionsuhren, Gartensonnen- und Sanduhren. Im Mittelpunkt der Ausstellung steht die astronomische Uhr, die Auf- und Untergang von Sonne, Mond, Planeten und Fixsternen sowie die Bewegung von über 400 Sternen anzeigt. Echte Rarität: eine klappbare Reisesonnenuhr aus dem 17. Jh. *Di–So 14.30–17.30 Uhr | Schlossstr. 10 | Eintritt frei | museum-fuer-zeit.de | 1 ½ Std.*

TIERPARK DONNERSBERG

Einer der jüngsten Tierparks des Landes (2016 eröffnet) hat Erdmännchen, Wüstenfuchs und Boa Constrictor an den Donnersberg geholt. Was als privates Tierschutzprojekt von Zoogründer und Exotenliebhaber Andreas Spieß entstanden ist, nimmt inzwischen über 9000 m² Platz ein. Heute leben hier 120 Arten, darunter extrem seltene Tiere wie Rattenkängurus, Schwarzkopftenreks und Falbkatzen. Zum Tierpark gehört eine *Zooschule*, die Menschen aller Generationen bei verschiedenen Führungen verdeutlicht, wie wichtig Naturschutz und Arterhaltung sind. *Sommerzeit tgl. 10–18, Winterzeit Sa/So 10–17 Uhr | Kaiserslauterer Str. 13 | Eintritt 6, Kinder 4,50 Euro | Tel. 06361 915441 | tierpark-donnersberg.de | 3–3 ½ Std.*

ESSEN & TRINKEN

SCHLOSS-STUBE

In den historischen Mauern des Schlosses wird Tradition lebendig gemacht: Hier spielen Innovation und Kreativität mit Überliefertem, und es wird sich immer wieder neu erfunden, Saisonales wird in den Vordergrund gerückt. *Mo/Di geschl. | Schlossstr. 8 | Tel. 06361 92920 | primahotel-schlossrok.de | €€–€€€*

SPORT & SPASS

NATUR-ERLEBNISBAD ROCKENHAUSEN

Bei steigenden Temperaturen braucht selbst der fleißigste Pfalzurlauber irgendwann einfach nur noch Abkühlung, Entschleunigung, Zeit, die Seele baumeln zu lassen. Wenn da nur nicht immer dieser Schwimmbad-Chlorgeruch und die sterilen Kacheln wären, die so gar nicht zur hübschen Umgebung passen mögen... Im Natur-Erlebnisbad Rockenhausen lockt Natur pur. Fliederbüsche sorgen für Farbtupfer rund ums kühle Nass (insgesamt knapp 2000 m² Wasseroberfläche), das klare (chemie- und chlorfrei aufbereitete) Wasser plätschert gegen Stege, und wer es gern schattig mag, schwimmt einfach unters Dach der Grotte und genießt von hier aus das umliegende Grün, so weit das Auge reicht. *Mai–Sept. tgl. 10–20, Di, Do ab 8 Uhr | Obermühle | Eintritt 4,50 Euro*

PFÄLZER HÖHENWEG ★

Für Wanderer gibt es in der Pfalz keine Herausforderungen? Dann versuch's mal mit dem Pfälzer Höhenweg! Über sieben Etappen führt er und verlangt auf 114 km Länge selbst geübten Wanderern sportlich einiges ab. Starten kannst du entweder direkt bei Etappe eins im einige Kilometer entfernten Winnweiler, oder du gibst dich ab Rockenhausen (Einstieg am Nordpfälzer Heimatmuseum) mit knapp der Hälfte des Wegs zufrieden. Von hier aus geht es über Obermoschel, Meisenheim und Lauterecken nach Wolfstein. Ein ganz schönes Auf und Ab, denn insgesamt geht es ganze 3000 m rauf und wieder runter. Waden und Oberschenkelmuskeln bedanken sich! *donnersberg-touristik.de*

RUND UM ROCKENHAUSEN

6 MUSEUMSBÄCKEREI IMSWEILER

5 km von Rockenhausen, 20 Min. mit dem Rad

Back dir doch mal dein eigenes Brot – in einem originalen Steinofen. Der steht in Imsweiler, in einer Mühle aus dem 14. Jh., in der samstags frisches Backwerk zubereitet wird. Wenn du während der Wartezeit Appetit bekommst: Hier lässt es sich auch herrlich vespern. *Sa 11–17 Uhr | Mühlenweg 1 | Eintritt frei | Tel. 06361 993951 | museen.rlp.de | 1 ½ Std. |* *E5*

7 ALSENZ

15 km von Rockenhausen, 20 Min. über die B 48

Architektur ist Kunst! Das beweist auf deiner Tour durch die Pfalz zum Beispiel das Örtchen Alsenz (1700 Ew.),

Auf der Moschellandsburg werden auch Mittelaltermärkte abgehalten

das im 19. Jh. als Steinhauerdorf galt. Hier hat die Gemeinde mit Ausgangspunkt am *Pfälzischen Steinhauermuseum (Mai–Okt. jeden 1. und 3. So im Monat 14–17 Uhr | Am Marktplatz 4 | Eintritt frei | steinhauermuseum.de)* einen 2,5 km langen Rundweg entwickelt, der dich mit auf eine spannende Zeitreise in die Welt der Alsenzer Handwerker nimmt. Die Tour (die übrigens auch eine von Reichstags-Architekt Paul Wallot entworfene Villa einschließt – im Volksmund salopp als „Berliner Reichstag in klein" bezeichnet) endet im *Deutschen Sandsteinpark (Otto-Gampper-Park | Eintritt frei)* an der Alsenz, wo verschiedenste Sandsteine aus ganz Deutschland gesammelt sind. Der älteste ist knapp 390 Mio. Jahre alt. *F4*

8 OBERMOSCHEL

19 km von Rockenhausen, gut 20 Min. mit dem Auto

Hoch über dem Ort auf dem Landsberg thront die *Moschellandsburg*, von der einige Gebäudeteile bereits seit knapp 1000 Jahren stehen. Gehegt und gepflegt wird das Gebäude von einem eigens gegründeten Verein *(burgverein-obermoschel.de)*, der hier oben auch jährlich einen *Mittelaltermarkt* ausrichtet. Hier vorbei führt auch der *Geokulturpfad*, eine spannende Zeitreise durch die Bergbaugeschichte mit tollen Ausblicken, der direkt südlich des Restaurant Burg-Hotel startet. Im Ort selbst gibt es mit dem *Radio-Museum (2. So im Monat 13–17 Uhr | Marktplatz 3 | Eintritt frei | Tel. 06362 81 67 | radiomu seum-nordpfalz.de)* eine liebevoll geführte private Sammlung historischer Radiogeräte. *E4*

9 MEISENHEIM ★

22 km von Rockenhausen, 25 Min. mit dem Auto über die Landstraße

Bei so viel Sightseeing schon schwere Füße? Dann ist es an der Zeit, aufs Kanu umzusteigen und sich die traumhafte Landschaft rund um den Glan mal aus nächster Nähe anzusehen. Ganz im Süden des Ortes, wo die Straße Hinter der Hofstadt auf den Glan trifft, starten verschieden lange Touren, auf denen du abtauchst in eine faszinierende Naturlandschaft unter einem Dach von Baumwipfeln. *Fun-Con-Action | ab 50 Euro/Kanu/ 2 Pers. | Tel. 06783 99 06 97 | fun-con-action.de*

Wenn das Boot danach abgegeben ist, macht die Erkundung des Orts zu Fuß auch wieder Spaß: Hier kommt einem zwischen Fachwerkhäusern, historischer Fuhrwerkswaage und Schlosskirche die Zeit seit dem Mittelalter wie stehengeblieben vor. Ein besonderes Erlebnis sind die einmal monatlich stattfindenden *Nachtwächterführungen* *(10 Euro | Termine und Anmeldung Tel. 06751 81 11 73 | ferienregion-nahe-glan.de | 1 ½ Std.). D4*

INSIDER-TIPP
Durch die Nacht

Rapportierplatz Meisenheim: Früher traten Soldaten hier an, heute bummelst du herum

10 KLOSTERRUINE DISIBODENBERG

28 km von Rockenhausen, gut 30 Min. mit dem Auto

Die Gründung des Klosters durch den irischen Missionar Disibod liegt zwar schon gut 14 Jahrhunderte zurück, seine Spuren sind aber heute noch sichtbar – und vor allem wahnsinnig fotogen. Das Sightseeing rund um die Ruine in Odernheim wird im richtigen Licht zum idealen Ort für einen Fotostreifzug, die historischen Anekdoten, etwa um die legendäre Hildegard von Bingen, die hier eine Weile lebte, werden zur spannenden Nebensache. *Tgl. frei zugänglich, Museum Ostern–Okt. Sa 12–18, So 11–17 Uhr | 5 Euro | Disibodenbergerhof | disibodenberg.de | E3*

11 FREILICHTMUSEUM BAD SOBERNHEIM

31 km von Rockenhausen, 40 Min. mit dem Auto über die B 48

Ein Idyll wie aus dem Bilderbuch schafft das Museumsdorf des Rheinland-Pfälzischen Freilichtmuseums, dessen Häuser aus über fünf Jahrhunderten regionaler Geschichte erzählen. Die schönsten Exemplare der Region, Wohn- und Bauernhäuser, Geschäfte und sogar eine Schmiede, wurden an ihren Originalstandorten ab- und hier wieder aufgebaut und historisch korrekt mit viel Liebe zum Detail eingerichtet. Zwischendrin grasen Glanrinder, Ziegen und Schafe.

INSIDER-TIPP
Wo geht's hier raus?

Willst du das Zeitreiseerlebnis perfekt machen, solltest du vorab zusätzlich einen Besuch des museumseigenen *Escape-Rooms (Di–So auf Anfrage | 10 Euro pro Person (ab 18 J.) | 1 Std.)* buchen. *Ende März–Ende Okt. Di–So 9–18, Ende Okt.–Anf. Nov. 9–16 Uhr; Feiertage und Schulferien auch Mo | Felkestraße | Eintritt 7 Euro (bis 18 J. frei) | Tel. 06751 85 58 80 | freilichtmuseum-rlp.de | 2 ½–3 Std. | D3*

12 LAUTERECKEN

25 km von Rockenhausen, 30 Min. mit dem Auto

Wahrzeichen von Lauterecken (2100 Ew.) ist der *Turm* der ehemaligen Grafen von Veldenz; aber auch

Ein Bewohner des Wildparks Potzberg ist der Gerfalke, der größte seiner Art

die *Brücke* aus dem 17. Jh., das *Kriegerdenkmal* mit Aussichtsturm und das *Schloss* sind gute Gründe für einen Abstecher. Im *Lauterecker Brauhaus (tgl. | Bahnhofstr. 1 | Tel. 06382 8588 | brauhaus-lauterecken.de | €)* im alten Bahnhofsgebäude mit Biergarten gibt es neben Erinnerungen an aktive Bräuzeiten auch internationale Küche. *D5*

13 WOLFSTEIN

26 km von Rockenhausen, 30 Min. mit dem Auto

In der Stadt (2000 Ew.) im Lautertal heißt es bis heute „Glück auf". Hier ist das *Kalkbergwerk am Königsberg (Ende März–Anf. Nov. So 13–18 Uhr | Bergstr. 2 | kalkbergwerk.com | Eintritt 6 Euro | 2 Std.)* die Attraktion. Eine Grubenbahn bringt Besucher ins Innere des 567 m hohen Königsbergs. Bei der Führung wird erklärt, wie die Arbeit unter Tage ablief. *D5–6*

14 WILDPARK POTZBERG ★

41 km von Rockenhausen, 50 Min. mit dem Auto

Was er wohl hoch oben in den Lüften erleben mag, der Andenkondor, der gerade vom Handschuh des Falkners abgehoben ist und nun mit seinen bis zu 3,50 m weiten Flügeln anschaulich demonstriert, wie sich Freiheit anfühlen muss? Der Blick aus der Vogelperspektive ist dir als Zuschauer der Greifvogelschau – der Hauptattraktion im Föckelberger Wildpark Potzberg – zwar nicht vergönnt. Dennoch bietet auch der feste Boden unter deinen Füßen eine hübsche Grundlage, mal in die Ferne zu gucken. Umgeben vom Grün der Wälder und Wiesen beim Schlendern zwischen Gehegen von Elchen, Auerochsen und Wildpferden auf 562 m Höhe. *Tgl. 10–18 Uhr, Greifvogelschau 15 Uhr | Am Potzberg 1 | wildpark.potzberg.de | Eintritt 10,50, Kinder 7 Euro |* *C6*

15 ALTENGLAN

39 km von Rockenhausen, 45 Min. mit dem Auto

Die Angst sich in unbekannter Landschaft zu Verfahren, kann man auf den Draisinengleisen, die von hier aus durchs Nordplälzer Bergland führen, getrost ablegen: Jetzt ist Zeit zum Zurücklehnen, Genießen und ... naja natürlich Strampeln bzw. am Handhebel ackern. Aber das hält schließlich fit und sorgt für ein unvergessliches Erlebnis. *Bahnhof | ab 39 Euro | Tel. 06381 42 94 50 | draisinentour.de |* *C6*

16 KUSEL

43 km von Rockenhausen, 50 Min. mit dem Auto

Als kleinste Kreisstadt Deutschlands mit gerade einmal 5300 Einwohnern, hat Kusel seinen ganz eigenen Charme – es kommt ja schließlich nicht immer nur auf die Größe an. Hier bummelst du durch die historische Altstadt mit ihren bunten Häusern und der evangelischen Stadtkirche, und bist ruckzuck mittendrin in den Feldern und Wiesen. Im *Heimatmuseum (Di–So 14–17 Uhr | Marktstr. 27 | Eintritt frei | museum.kusel.de)* in einem klassizistischen ehemaligen Apothekerhaus findest du Ausstellungen historischer Alltagssituationen und das Fritz-Wunderlich-Zimmer, das dem bekanntesten Sohn Kusels gewidmet ist. *B6*

17 BURG LICHTENBERG ★

48 km von Rockenhausen, 1 Std. mit dem Auto über B 420

Mit 425 m im Längsschnitt ist die *Burg Lichtenberg (frei zugänglich)* bei Thallichtenberg nordwestlich der Kreisstadt die größte Burgruine Deutschlands. Einige Teile der um 1200 erbauten Burg sind gut erhalten, das Prunkstück ist der viereckige 33 m hohe Turm, 142 Stufen führen hinauf. Oben wartet eine tolle Aussicht: auf die Burganlage mit dem mittelalterlichen Kräutergarten und die Landschaft ringsum. Im *Urweltmuseum Geoskop (tgl. April–Okt. 10–17, Nov.–März 10–12, 14–17 Uhr | Eintritt 2,60 Euro | urweltmuseum-geoskop.de | 1 ½ Std.)* wird das Rad der Erdgeschichte um 290 Mio. Jahre zurückdreht, als es in der Pfalz Tropenwälder und Süßwasserseen gab, in denen Haie schwammen. *B6*

SCHÖNER SCHLAFEN IM NORDPFÄLZER BERGLAND

EIN ZELT IM WALD

Der Natur ganz nah sein, mitten im Wald Ruhe finden und abends am Lagerfeuer mit anderen Campern neue Freundschaften schließen: Auf den Pfälzer Trekkingplätzen kannst du dir den Traum vom Wildcampen ganz legal erfüllen. Ein besonders hübscher Ort für das naturverbundene Nächtigen ist der im Langental unweit von Winnweiler gelegene *Trekkingplatz Imsbach (April–Okt. | trekking-pfalz.de | €).*

PFÄLZERWALD

BURGEN, FELSEN UND LEGENDEN

Sein schönstes Kleid trägt der Pfälzerwald im Herbst. Das größte zusammenhängende Waldgebiet Deutschlands, durchzogen mit imposanten Felsgebilden (ideal für Kletterer), zeigt sich dann in strahlendem Gelb, schimmerndem Rot und noch saftigem Grün.

Was nicht bedeuten soll, dass ein Besuch sich in den anderen Jahreszeiten nicht lohnt. In so manchem Winter bedeckt trotz allgemein warmem Pfälzer Klima eine Schneedecke die Region, im Sommer

Geschützt vom üppigen Grün des Waldes: Burgruine Altdahn

sorgen die schützenden Baumwipfel für ein Entkommen vor der Sommerhitze. Und im Frühling, wenn die Natur aus dem Winterschlaf erwacht, kommt man aus dem Staunen nicht heraus! Von oben betrachtet wirkt es so, als gäbe es hier nichts als Bäume. Deren Schutz wussten schon Adels- und Rittersleute des Mittelalters zu schätzen, die hier zahlreiche Festungen und Burgen errichteten. Sie sind gut erhalten und dokumentieren das Leben der ehemaligen Burgherren.

PFÄLZERWALD

Oberstaufenbach
Kollweiler
Reichenbach-Steegen
Schwedelbach
Weilerbach
Henschtal
62
Westpfälzer Musikantenmuseum 3
Werschweiler
Frohnhofen, Pfalz
Steinbach am Glan
Steinwenden
Ramstein-Miesenbach
Nanzdietschweiler
Breitenbach
Altenkirchen
Brücken (Pfalz)
Hütschenhausen
Landstuhl
6
Bambergerhof
Lautenbach
2 Ohmbachsee
1 Burg Nanstein
Schmittweiler
Kübelberg
Miesau
Waldmohr
Bruchmühlbach
Hauptstuhl
Bann
Hangard
Queidersbach
Vogelbach
Lambsborn
Martinshöhe
Mittelbrunn
Bexbach
Bechhofen
Niederbexbach
Rosenkopf
Hettenhausen
Krähenberg
Weselberg
Käshofen
Homburg
Wallhalben
Saalstadt
Winterbach
Schmitshausen
62
Mörsbach
Höheinöd
Maßweiler
Bierbach
Thaleischweiler-Fröschen
Lautzkirchen
8
10 Zweibrücken
Höhfröschen
Blieskastel
Dellfeld
Mimbach
Dynamikum
Blickweiler
Althornbach
Walshausen
Pirmasens S. 66
Breitfurt
Großsteinhausen
Hornbach

MARCO POLO HIGHLIGHTS

GARTENSCHAU
In Kaiserslautern siehst du die größte Dinosaurierausstellung Europas ➤ S. 61

JUST FLOAT
Entspannen beim Schweben im Wasserbad ist nun auch hierzulande Trend ➤ S. 63

DYNAMIKUM
Das Science Center in Pirmasens macht Naturwissenschaft auf völlig neue Weise erlebbar ➤ S. 66

ZWEIBRÜCKEN
Im drittgrößten Rosarium der Welt werden die Geruchsknospen ganz schön beansprucht ➤ S. 69

DAHNER FELSENPFAD
Wandern zwischen den Sandsteinfelsen des Dahner Felsenpfads ➤ S. 71

HAUENSTEIN
In der Schuhstadt Schuhmachern beim Arbeiten über die Schultern schauen ➤ S. 72

BURG BERWARTSTEIN
Auf den Spuren des Ritters Hans Trapp in einer der am besten erhaltenen Burgen der Pfalz ➤ S. 74

NOTHWEILER
Nach dem Besuch der höchstgelegenen Burgruine der Pfalz geht es im Sankt-Anna-Stollen untertage ➤ S. 75

Wartenberg-Rohrbach
Mehlbach
63
Neuhemsbach
Sembach
Altleiningen
Otterberg
Baalborn
4 Schnorres-Brauerei
Hertlings-hausen
Höningen
Erlenbach
6
Morlautern
Gartenschau
Fischbach
Just Float
Hochspeyer
Frankenstein
Kaiserslautern
S. 60
Weidenthal
Hohenecken
48
Dansenberg
Waldleiningen
Neidenfels
Esthal
Stelzenberg
Lambrecht
Langensohl
52 km, 48 Min.
5 Trippstadt
Appenthal
Elmstein 7
Helmbach
Schmalenberg
6 Johanniskreuz
Iggelbach
Heltersberg
DEUTSCHLAND
Sankt Martin
45 km, 34 Min.
Rhodt unter Rietburg
RHEINLAND-PFALZ
8 Clausensee
Hofstätten
48
Leimen
Hainfeld
Ramberg 14
Dernbach
Burrweiler
9 Merzalben
Eußerthal
Böchingen
Rinnthal
Albersweiler
Annweiler am Trifels
10
10
12 Erlebnispark Teufelstisch
13 Hauenstein
Landau in der Pfalz
Völkersweiler
Mörzheim
Eschbach
Waldhambach
Salzwoog
Impflingen
11 Bärenbrunnerhof
Heuchelheim
Dahn
S. 70
Dahner Felsenpfad
15 Silz
33 km, 2 ½ Std.
Klingenmünster
Vorderweidenthal
Billigheim
Busenberg
Niederhorbach
16 Burg Berwartstein
Bundenthal
Bad Bergzabern
Böllenborn
17 Fischbach
Dierbach
Reisdorf
Oberotterbach
Freckenfeld
Schönau (Pfalz)
18 Nothweiler
Schweigen-Rechtenbach
Schaidt
Hirschthal
19 Château Fort de Fleckenstein
Wissembourg
Altenstadt
Wingen
Rott
Niedersteinbach
Climbach
4 km
2,49 mi
Steinseltz
FRANCE
Cleebourg

KAISERSLAUTERN

(📖 E7–8) **Hoch im Norden des Pfälzerwalds liegt Kaiserslautern (99 500 Ew.), das den rauen Charme einer Industrie- und Arbeiterstadt mit der Jugendlichkeit einer Universitätsstadt verbindet.**
Ihr Beiname Barbarossastadt geht auf Kaiser Friedrich I. zurück, der hier um 1152 einen Palast bauen ließ, von dem heute jedoch kaum noch etwas zu sehen ist. Die Mauerreste der ehemaligen Barbarossaburg jedoch lassen erahnen, welch prachtvolles Bauwerk einst in Kaiserslautern gestanden hat. Hier zwischen Stiftskirche und Fruchthalle gehen sogar dann und wann internationale Touristen auf Entdeckungstour, wenn Angehörige von Tausenden rund um den Militärflughafen stationierten US-Soldaten auf Europatour auch in Kaiserslautern vorbeischauen. Das Sagen in der Stadt haben aber die Roten Teufel, die Fußballer des 1. FC Kaiserslautern, um die sich hier fast alles dreht. Vom *Betzenberg* aus, wo die Kicker im Fritz-Walter-Stadion den Gegner wieder das Fürchten lehren wollen, hat man eine gute Übersicht über die Stadt, die beeindruckende Bauten, nette Kneipen und Restaurants sowie viel Kultur zu bieten hat.

WOHIN ZUERST?

Die **Altstadt** ist die Schlagader der Stadt, in der es nur dann ruhiger wird, wenn sich die Kneipen, Weinstuben und Restaurants füllen. Eindrucksvolle Patrizierhäuser bilden die Kulisse für das kulturelle Leben der Barbarossastadt. Vom Hauptbahnhof nur wenige Gehminuten. Hier halten auch die meisten Buslinien, ebenso wie am Rathaus und am Schillerplatz. Parkhäuser sind ausgeschildert.

SIGHTSEEING

ALTSTADT

Zwischen *Martinsplatz* und *Mainzer Tor* bummelt man vorbei an Galerien, Museen und Theatern. Und mit der *Fruchthalle* ist sogar die beliebteste Konzertlocation der Stadt nicht weit. Schau doch mal, was das aktuelle Programm gerade hergibt. Zahlreiche Lokale, Kneipen und Restaurants findest du in den lebhaften und schmalen Gassen, in die du unbedingt einen Bummel unternehmen solltest. Fotoapparat nicht vergessen! Denn hier reihen sich schnuckelige Fachwerkhäuser an thronende Patrizierbauten.

KAISERPFALZ

Kein Geringerer als Barbarossa hatte einst die Kaiserpfalz errichtet. Von der Pracht des ehemaligen Kaisersaals ist jedoch nicht viel übrig – nur einige Mauerquader des Fundaments und wenige Mauerreste der Burgkapelle. Von außen zumindest... Denn wer Lust auf ein Abenteuer hat, kann die Innenstadt für einige Stunden hinter bzw. über sich lassen und abtauchen in die unterirdischen Gänge unter Kai-

Fruchthalle Kaiserslautern: Früher gaben Marktschreier hier den Ton an

serpfalz und Casimirschloss. Bei einer Führung erkundest du fast ein ganzes Jahrtausend Geschichte und lauschst spannenden Anekdoten zur Gründung der Stadt am Rand des Pfälzerwalds. *Termine unter kaiserpfalz-kaiserslautern.de | Eintritt 5 Euro | ⏲ 1 ½ Std.*

STIFTSKIRCHE

Erst stand hier ein Kloster, das wurde aber 1511 aufgelöst. Dann entstand ein weltliches Stift, das der Kirche ihren Namen gab. Markenzeichen sind die beiden hohen Spitztürme und der spätgotische Baustil. Die Stiftskirche in der Marktstraße 10 gilt in der Region als die bedeutendste dieser Art. *stiftskirche-kl.de*

JAPANISCHER GARTEN

Ein Prunkstück durchdachter und moderner landschaftlicher Architektur ist der Japanische Garten. Hier beginnst du fast zwangsläufig zu meditieren. Die kunstvoll arrangierte Anlage mit Wasserfällen, Teichen und Moosgärten vermittelt harmonische Gelassenheit, bei der du völlig abschalten kannst. Wer einfach einen kompletten Tag in die bunte Natur der Parks in Kaiserslautern eintauchen möchte, zahlt für Gartenschau und Japanischen Garten 9,50 Euro Kombipreis. *April–Okt. Di–So 10–19, Okt.–Dez. Mi–So 10–16 Uhr | Am Abendsberg 1 | Eintritt 6,50 Euro | japanischergarten.de*

INSIDER-TIPP
Blumenpracht zum Spartarif

GARTENSCHAU ★

Hier gibt es nicht nur Pflanzen: Am Fuß des Kaiserbergs ist die größte Dinosaurierausstellung Europas zu sehen. Mit den *Gärten der Vielfalt* entstand im Jahr 2000 die erste

rheinland-pfälzische Gartenschau; seither blühen hier Jahr für Jahr die schönsten Blumen. *April–Okt. tgl. 9–19 Uhr | Lauterstr. 51 | Eintritt 7 Euro | gartenschau-kl.de*

BETZENBERG

Zugegeben: Die Zeiten, in denen der 1. FCK Fußballgeschichte geschrieben hat, sind erst mal passé, wobei dem Verein 2022 ja immerhin mal wieder ein Aufstieg geglückt ist. Umso bemerkenswerter, dass auch in schweren Zeiten so viele Fans geschlossen hinter ihrem Verein standen. Einen Einblick in die legendäre „Rote Hölle" liefert ein Besuch im Kaiserslauterner Stadion auf dem Betzenberg *(Spielplan und Tickets unter fck.de)*. Vor Heimspielen ist hier auch das *Fritz-Walter-Museum (2 Std. vor Heimspielen | Eintritt 4 Euro | Zugang über Block 18, 1. OG)*, das ehrenamtlich von Fans betreut wird, geöffnet.

ESSEN & TRINKEN

SAFARI

Fernweh beiseite schieben und ab ins Safari. Das exzellente äthiopische Restaurant wartet mit exotischen Menüs auf. Dafür kann sogar die Reise nach Afrika warten. *Mo geschl. | Humboldtstr. 31–35 | Tel. 0631 89 23 87 14 | safari-kaiserslautern.de | €€*

JULIEN

Im Stil eines Pariser Bistros versprüht das Julien einen Charme, der dem kleinen Lokal inzwischen zum Kult verholfen hat. Auf der häufig wechselnden Karte stehen vor allem saisonale Gerichte. Extrem großes Angebot auch für Vegetarier. Auf der Dessertkarte steht regelmäßig eine der besten Innovationen der französischen Küche: Wer einen Café Gourmand bestellt, bekommt Espresso und eine Auswahl an verschiedenen Desserts. *Mo geschl. | Altenwoogstr. 3 | Tel. 0631 6 48 87 | restaurant-julien.de | €€–€€€*

INSIDER-TIPP
Wenn Gott in Frankreich neidisch wird

KULLMAN'S

Die nahegelegene Airbase in Ramstein hat so einen großen Einfluss auf die Region, dass hohe Erwartungen in Sachen Burger kaum verwunderlich sein können. In Sam Kullmans Diner wird keiner enttäuscht. Die Einrichtung lässt vergessen, dass man überhaupt noch mitten im Pfälzerwald ist und die saftigen Burger gibt's in einer schier unüberschaubaren Auswahl. Zum Essen schlürft man hier stilecht Milchshake. *Tgl. | Mainzer Str. 119 | Tel. 0631 4 15 09 16 | kullmans.de | €–€€*

SPORT & SPASS

ROCKTOWN

Wie gut, dass Kaiserslautern eine der Städte ist, in denen eine richtig gute Indoor-Boulderhalle schnell vergessen lässt, dass der Wettergott einem den Kletterausflug vermasselt hat. Auch für Kletteranfänger ist das Bouldern ein toller Einstiegssport, da ohne Sichererfahrung in Absprunghöhe über Weichbodenmatten die Wand erklommen wird. *Mo, Mi, Fr–So ab 9, Di, Do ab 15 Uhr | Kantstr. 38 | Eintritt ab 10 Euro | Tel. 0631 89 29 08 50 | rocktown.eu*

WELLNESS

JUST FLOAT ★

Zugegeben, ein wenig gruselig kann es schon sein in die weißen Boxen mit dem blau schimmernden Innenleben zu steigen, um sich beim „floaten" auf Wasser für die nächste Stunde schwerelos zu fühlen. Aber der Wellness-Trend scheint zu funktionieren, zumindest berichten etliche Patienten über Linderung von Hautproblemen, Schlafstörungen und Bluthochdruck. Und Entspannung stellt sich beim Floaten im warmen Wasser in völliger Isolation ohnehin schnell ein. *Di–So 10–21.30 Uhr | Kanalstr. 24 | ab 35 Euro | Tel. 0631 37 34 21 12 | justfloat.de | 1 Std.*

AUSGEHEN & FEIERN

PFALZTHEATER

Das Theater ist einfach *das* kulturelle Aushängeschild der Stadt. Neben Klassikern aus Oper, Operette und Schauspiel führt es auch eigene Produktionen im Programm. Vor allem Ballett und Kabarett sollte man sich hier nicht entgehen lassen. *Willy-Brandt-Platz 4–5 | Tel. 0631 3 67 50 | pfalztheater.de*

21 LOUNGE

Schmucke Baukunst, historische Hallen? Das kann man hier vergessen. Das Rathaus Kaiserslauterns ist einfach mal komplett anders. Immerhin residiert nur hier im 21. Stock der Stadtverwaltung – 80 Meter über den Straßen Kaiserslauterns – eine Cocktailbar. Der Begriff Sundowner bekommt da gleich eine ganz andere Bedeutung. *Tgl. ab 17.30 Uhr | Willy-Brandt-Platz 1 | Tel. 0631 3 20 43 70 | 21-lounge.de*

RUND UM KAISERS-LAUTERN

1 BURG NANSTEIN

19 km von Kaiserslautern, 25 Min. über A 6

Die gewaltige Festungsanlage bei Landshut wurde erstmals im Jahr 1189 erwähnt und ist vor allem wegen des großen Rondells auffällig, das zu Beginn des 16. Jhs. als einer der stärksten Geschütztürme dieser Zeit galt. Schaurig ist der Blick in ein Gewölbe, in dem Ritter Franz von Sickingen nach schwerer Verwundung starb. *Tgl. Jan.–März und Okt./Nov. 10–16, April–Sept. 9–18 Uhr | Eintritt 4 Euro |* *C8*

2 OHMBACHSEE

32 km von Kaiserslautern, 35 Min. mit dem Auto über A 6

Wenn du dich vom Parkplatz aus durch die dichten Bäume durchgeschlagen hast, offenbart sich dir eine Wasserlandschaft zum Träumen und Platz für ein entspanntes Sonnenbad! Das Baden selbst ist aus Sicherheitsgründen verboten, ein Wasserspielplatz mit Riesenrutsche, Kneipptretbecken und Tretbootverleih am *Seekiosk (bei gu-*

Gewaltige Festung am ausgewaschenen Felsen: Burg Nanstein

tem Wetter April, Mai, Sept., Okt. 11–19, Juni–Aug. 11–20 Uhr | Tretboot 4 Euro pro ½ Std.) gleichen das aus. *ohm bachsee-glantal.de* | *B8*

3 WESTPFÄLZER MUSIKANTENMUSEUM

17 km von Kaiserslautern, 20 Min. mit dem Auto

Eine umfangreiche Sammlung verschiedener Instrumente aus der Blütezeit des Westpfälzer Musikantentums gibt es in Mackenbach zu entdecken. Blasinstrumente mit reichlich Patina, blitzende Tuben, Notenblätter oder ein Zirkusmodell mit beweglichen Teilen, das einen Einblick in das Schaffen der Musiker geben soll, sind im Musikantenmuseum ausgestellt. Daneben versetzen afrikanische Musikinstrumente, die hierzulande unbekannt sind, in Erstaunen. Und du erfährst, wie Frank Sinatra einmal mit Mackenbach in Kontakt kam. *So 14–16 Uhr | Schulstr. 10 | Eintritt frei | musikanten museum.de* | *1 Std.* | *C–D7*

4 SCHNORRES-BRAUEREI

12 km von Kaiserslautern, 20 Min. mit dem Auto

Auf zur Brauereibesichtigung! Ein cooles Projekt mitten im Nichts. In Mehlingen entsteht in den Räumen einer ehemaligen Metzgerei „Schnorres – Das Pfalzbier". Jeden Donnerstag von 18 bis 22 Uhr öffnen sich die Tore zum Brauereiverkauf. *Haupstr. 28 | Mehlingen | schnorres.net* | *F7*

5 TRIPPSTADT

13 km von Kaiserslautern, 20 Min. mit dem Auto

Natur pur ist das Motto des Luftkurorts Trippstadt (3000 Ew.) im Herzen des Naturparks Pfälzerwald. Von hier aus schlängelt sich das 3 km lange, romantische *Karlstal,* in dem du auf deinen Wanderungen eine wunderschöne Landschaft erkunden kannst – mit saftigen Wiesen, stämmigen Laub- und Nadelbäumen sowie zahlreichen kleinen Wasserfällen. In der Ortsmitte Trippstadts lohnt der älteste, 1726 erbaute Gasthof im Pfälzerwald einen kulinarischen Halt. Die Fassade des Landgasthofs *Zum Schwan (Kaiserslauterer Str. 24 | Tel. 06306 92130 | schwan-trippstadt.de | €)* ist denkmalgeschützt. Und in der Küche des Gasthofs wird mit guter Qualität gekocht. *E8*

6 JOHANNISKREUZ

17 km von Kaiserslautern, 20 Min. mit dem Auto

Motorradfahrern ist die kleine Siedlung längst ein Begriff. Während der Saison siehst du hier Biker aller Nationen, die sich, mitten im Herzen des Pfälzerwalds, auf ihren Touren treffen. Wenn du das Tempo mal rausnehmen möchtest, solltest du dem *Haus der Nachhaltigkeit (März–Okt. tgl. 10–17, Nov.–Feb. Mo–Fr 10–16 Uhr | Johanniskreuz 1a | Eintritt frei | hdn-pfalz.de* | *1 ½ Std.)* einen Besuch abstatten. Es macht seinem Namen alle Ehre und fällt schon durch seine Bauweise auf. Hier erfährt man alles, was man zum Leben im Einklang mit der Umwelt wissen muss. *F9*

7 ELMSTEIN

28 km von Kaiserslautern, 30 Min. mit dem Auto

Unterhalb des Felsens der Burg, aus dem Elmstein (2300 Ew.) im 12. Jh. wuchs, warten Abenteuer. Der Ort, der herrlich in einer Talschlucht des Waldes liegt, ist nicht nur Ausgangspunkt herrlicher Wander- oder Mountainbiketouren in die umliegenden Täler, sondern auch Heimat des ersten Pfälzer *Zipline-Parks (Öffnungzeiten und Terminvereinbarung im Internet | ab 32, Jugendliche (ab 12 J.) 28 Euro | Eschkopfstraße | zipline-elmstein.de | 3 Std.)*. An 18 Ziplines und mehreren Abseilstationen muss die Höhenangst hier Pause machen. *G9*

PIRMASENS

(D10–11) **Im Jahr 820 war *Bärmasens*, wie die Einheimischen sagen, noch ein beschauliches Dorf. Heute hat Pirmasens knapp 40 000 Einwohner und blickt vor allem auf eine ruhmreiche Schuhindustrie zurück, die sich seit dem 18. Jh. ausbreitete.**

Aus den Überresten ausgedienter Uniformen der Soldaten wurden damals *Schlabbe* gefertigt, die von den Frauen in nah und fern verkauft wurden. Pirmasens gilt als weltgrößtes Schuhhandelszentrum. Im Zweiten Weltkrieg nahezu völlig zerstört, wurde die Stadt, die wie Rom auf sieben Hügeln errichtet wurde, wieder neu aufgebaut. Die Höhenunterschiede überwindet man über zahlreiche Treppenanlagen, etwa die pittoreske Schlosstreppe.

SIGHTSEEING

DYNAMIKUM ★

Bewegung ist alles im ersten rheinland-pfälzischen Science Center. Krabble, renn oder tanz. Bring Massen in Bewegung, starte einen Wettkampf gegen einen Elefanten und versuch, den richtigen Dreh rauszubekommen. Vor allem Familien mit Kindern erweitern hier ihr Wissen und lassen der Lust am Experimentieren freien Lauf. Du wirst Naturwissenschaft aus einer völlig neuen Perspektive erleben. *Di–Fr 9–15, Sa/So 11–17 Uhr | Fröhnstr. 8 | Eintritt 11, Kinder 9,50 Euro | dynamikum.de | 2 ½ Std.*

FORUM ALTE POST

Dass Pirmasens nicht nur aus Schuhen Kunst zu machen versteht, beweisen zwei der berühmtesten Söhne der Stadt: Heinrich Bürkel und Hugo Ball – und die mit so manchen Talenten. Während der 1802 geborene Bürkel als Biedermeier-Maler und Zeichner Geschichte schrieb, malte der 1886 geborene Hugo Ball mit Lauten und Worten. Er gilt als einer der Pioniere des Dadaismus. Zu beiden bekannten Künstlern gibt es Ausstellungen im Forum Alte Post. *Mi–So 10–17 Uhr | Poststr. 2 | Eintritt 6 Euro | forumaltepost.de*

MUSEUM ALTES RATHAUS

Mitten in der Fußgängerzone ist das Alte Rathaus Herberge für gleich mehrere Ausstellungen bietet. Neben der Dauerausstellung „Wald, Schloss und

Nicht Kuh-, sondern Schuhhandel hat Pirmasens groß gemacht

Schuh", die die Stadtgeschichte erzählt, gibt es wechselnde Sonderausstellungen. Eine ganz besondere Attraktion sind die Scherenschnitte der 1998 verstorbenen Pirmasenser Künstlerin Elisabeth Emmler. *Di–So 14–17 Uhr | Rathaus am Exerzierplatz | Eintritt 2,50 Euro | ⏲ 1 ½ Std.*

WESTWALL MUSEUM – FESTUNGSWERK GERSTFELDHÖHE

Insgesamt 14 km Hohlgänge (darunter Maschinenhallen, ein Lazarett, eine Kaserne für 800 Mann, Schmalspurbahnhöfe und Munitionsdepots) sollten nach einem Plan von 1938 in den darauffolgenden Jahren angelegt werden. Etwa 5 km davon wurden fertiggestellt und sind heute zu besichtigen. Der freigelegte Kasernenzugang ist gewaltig und bedrückend zugleich. *April–Okt. Sa/So 13–17 Uhr | In der Litzelbach 2 | Eintritt 8 Euro | westwall-museum.de | ⏲ 1 ½ Std.*

ESSEN & TRINKEN

BRASSERIE

Bescheidener Restaurantname doch Küchenchef Vjekoslav Pavic bereitet seine Kreationen vom australischen Black Angus bis zum schottischen Lachs auf Michelinstern-Niveau zu. Stilvolle, lockere Atmosphäre, professioneller Service. *So–Mi geschl. | Landauer Str. 103–105 | Tel. 06331 7 25 55 44 | diebrasserie-ps.de | €€€*

KUCHEMS BRAUHAUS

Ein frisch Gezapftes aus dem eigenen Sudkessel, dazu deftige Spezialitäten. Das Brauhaus am Schlossplatz wird von allen Altersgruppen besucht. Pro-

bier eine der spritzigen Biersorten! Für alle, die Kulinarik gern mit Erlebnis verbinden, hat das Brauhaus auch Krimidinner, Whisky-Tastings und Livemusik im Angebot. Programm auf der Website. *Mo geschl. | Schlossstr. 44 | Tel. 06331 213894 | kuchems-brauhaus.de | €*

SHOPPEN

WAWI SCHOKO-WELT

Den Besuch der Schokoladenfabrik sollte man sich nicht entgehen lassen. Im Besucherbereich der Produktionsräume erlebt man die Geburtsstunde von Osterhasen und Nikoläusen, im Museum gibt es außergewöhnliche Exponate rund um das Thema Schokolade zu sehen. Im Shop und Café gibt es die natürlich auch zu Werkverkaufspreisen zu kaufen und zu verkosten. *Mo–Sa 8–18 Uhr | Unterer Sommerwaldweg 19–20 | Eintritt frei | wawi-schokolade.de*

SPORT & SPASS

PLUB FREIZEITBAD

Erst geht's auf die 80 Meter lange Erlebnisrutsche fürs Adrenalin, dann wird zwischen Massagedüsen tiefenentspannt. Bei sommerlichen Temperaturen ist auch der riesige Freibadbereich geöffnet. Das Freizeitbad liegt etwas außerhalb der Innenstadt in Richtung Rodalben. *Mo ab 12, Di–Sa ab 9, So ab 8, Freibad im Sommer tgl. ab 8 Uhr | Lemberger Str. 41 | Eintritt ab 5 Euro | plub.de*

AUSGEHEN & FEIERN

EDDIS KELLEREI

Ach, dieses schnöde Wörtchen Kellerbar, das immer so ungemütlich daherkommt. Dabei beweisen Perlen wie dieses modern eingerichtete Gewölbeparadies immer wieder das genaue Gegenteil. Hier kennt der Chef die Winzer und Destillen, deren Getränke er ausschenkt, persönlich, und den ausgewählten Highlights auf der Karte schmeckt man die Qualität einfach an. *Fr/Sa ab 20 Uhr | Bitscher Str. 15 | Tel. 06331 2592835 | eddis-kellerei.de*

RUND UM PIRMASENS

8 CLAUSENSEE

20 km von Pirmasens, 25 Min. mit dem Auto

Ebenso zahlreich wie die Wander- und Radwege sowie Mountainbikerouten im Pfälzerwald sind die unzähligen Naturseen. Einer der schönsten in der Region ist der malerisch im Schwarzbachtal bei Waldfischbach-Burgalben gelegene Clausensee. Der Stausee ist ca. 450 m lang und 90 m breit und ein natürliches Rückzugsgebiet voller Ruhe. Die Liegewiese bietet genügend Platz für Freizeitaktivitäten, an der *Schirmbar* kann man Erfrischungen zu sich nehmen. Genieß den Strand und spring ins klare, frische Wasser des Stausees. *vgwaldfischbach-burgalben.de* | E10

Blüht auf: der farbenprächtige Rosengarten in Zweibrücken

9 MERZALBEN

16 km von Pirmasens, 20 Min. mit dem Auto

Hoch über Merzalben (1100 Ew.) thront die Burgruine *Gräfenstein (Eintritt frei)*. Steig hinauf auf die Turmplattform und bestaune die gut erhaltene Burgmauer, die Wohngebäude und den Zwinger. Am Abortschacht kannst du die hygienischen Verhältnisse der Grafen von Leiningen, die die Burg um das Jahr 1200 errichteten, nachvollziehen.

Wer von hier aus dem Wanderweg noch ein Stück weiter Richtung Weißenberg im Osten folgt, bekommt am *Luitpoldturm* nicht nur dank der 164 Stufen ein kostenloses Fitness-Workout, sondern auch einen echten Logenplatz über die ganze Region. *E10*

INSIDER-TIPP
Panorama, ja bitte!

10 ZWEIBRÜCKEN ★

23 km von Pirmasens, 20 Min. über die A 8

In Zweibrückenn heißt es erstmal: ganz tief durchatmen. Na, steigt dir der Rosenduft schon in der Nase? Bekannt ist die 34 000-Einwohner-Stadt direkt vor den Toren des Saarlands sowie des benachbarten Frankreichs nämlich als offizielle Rosenstadt, die es auf über 50 000 m² Fläche des weltweit drittgrößten *Rosariums (April–Okt. Mo ab 11, Di–So ab 9 Uhr | Rosengartenstr. 50 | Eintritt 5,50 Euro | rosengarten-zweibruecken.de)* auf ganze 2000 Rosenarten und 60 000 Exemplare bringt. Dazu kommt noch der Wildrosengarten in der Fasanerie, und die malerische Romantik ist perfekt. Zu viele Blumen? Dann stürz dich doch direkt ins Getümmel: Im ☂ *Zweibrücken Fashion Outlet (Mo–Sa 10–19 Uhr | Londoner Bogen 10–90 | zweibrueckenfashionoutlet.com)*, sorgen Markenprodukte zwischen Converse, Armani und WMF zum kleinen Preis allerdings ebenfalls für Herzchen in den Augen. Ausklingen lässt du deinen Besuch am besten zwischen den

Jungfernsprung: Springen war gestern, heute wird hier geklettert

historischen Barockgemäuern der Zweibrücker Herzogvorstadt sowie dem 1725 erbauten Herzogsschloss, die einen Teil der Barockstraße Saarpfalz *(barockstrasse-saarpfalz.de)* bilden. Oder du wirfst als krönenden Abschluss noch einen Blick durchs Teleskop der *Volkssternwarte (Fr ab 20 Uhr | Amerikastr. 1 | Eintritt frei | sternwarte-zw.de)*. *B10*

INSIDER-TIPP
Schau ins All!

DAHN

(E11) **Luftkurort, Geburtsstadt des sagenhaften Fabelwesens *Elwedritsch*, Hauptstadt des umliegenden Felsenlands, in dem sich mehr als 400 km Rad- und Wanderwege ausdehnen – das ist Dahn im Süden des Pfälzerwalds.**

4600 Einwohner leben in der lang gestreckten Gemeinde in einem Tal des Pfälzerwalds, wo man vor allem auf beeindruckende Burgen und Felsen, aber auch auf hübsche Fachwerkhäuser trifft.

SIGHTSEEING

DAHNER BURGENGRUPPE

Altdahn, Grafendahn und Tanstein, die kaum einen Kilometer außerhalb des Ortskerns liegen, sind die Wächter von Dahn. Die *Burgruinen (April–Sept. tgl. 10–18, Okt. tgl 10–17 Uhr)* sind auf fünf Felsentürmen errichtet (12. Jh.), frei zugänglich und ein beliebtes Ziel für Wanderer. Die Burgengruppe ist etwa 200 m lang und bietet einen schönen Blick über das Felsenland. In einem *Burgmuseum* sind Grabungsfunde wie zum Beispiel Schlüssel, Silbermünzen oder eine Miederkette der alten Herren von Dahn ausgestellt. Von einem Parkplatz unterhalb der Burgen braucht man zu Fuß nur zehn Minuten für den Aufstieg. Oben kann man sich in der *Burgschänke (Mi geschl. | €–€€)* stärken. Die Burgruine Neudahn liegt etwa 3 km nordwestlich davon, unweit der Dahner Bahnhaltestelle Moosbachtal, und beeindruckt durch ihre mächtigen Batterietürme.

FELSENTOR

Eigentlich beschreibt ein Wort einen der beliebtesten Wander- und Fotospots der Stadt am allerbesten: majestätisch. Und das so richtig! Das Dahner Felsentor hat das Potenzial, einem den Mund offen stehen zu lassen. Allein der Gedanke, dass die Natur dieses außergewöhnliche Bauwerk geschaffen hat, das man auf einer Wanderung zur Burg Neudahn oder einfach einem kleinen Spaziergang durch die Natur durchschreiten kann, macht den Ausflug zum echten Erlebnis.

JUNGFERNSPRUNG

In 70 m Höhe über der Stadt thront das bizarre Steingebilde. Raubritter Hans Trapp von der Burg Berwartstein soll einst eine Jungfrau hier hinaufgetrieben haben. Das verzweifelte Mädchen wollte dem Räuber nicht in die Hände fallen und stürzte sich in die Tiefe. Wie durch ein Wunder blieb die Jungfrau unverletzt. Und dort, wo sie angeblich auftraf, sprudelt heute eine Quelle. Beliebt ist der Jungfernsprung heute vor allem bei Sportkletterern. Wenn du den spektakulären *Franz-Seiler-Gedächtnisweg* nimmst, kannst du fantastische Fotos von der Aussicht machen.

ESSEN & TRINKEN

RATSSTUBE

Lange gewandert? Dann gibt es wohl kaum etwas Schöneres, als sich am Kachelofen aufzuwärmen wie hier in der urig eingerichteten Ratsstube, wo traditionell und bodenständig pfälzisch gekocht wird. Bei schönem Wetter geht's raus in den Biergarten. *Mo, Di, Do geschl. | Weißenburger Str. 1 | Tel. 06391 16 53 | ratsstube-dahn.de | €€*

WASGAUPERLE

Die Überzeugung des Küchenteams: frische, regionale und saisonale Zutaten sind die halbe Miete, wenn es täglich wieder an die Herausforderung geht, Haute Cuisine wie in Frankreich auf den Tisch zu bringen. Dazu gibt's neben französischen Klassikern wie Escargots und Jakobsmuscheln auch traumhafte Wildvariationen. Und mit immer neuen Kreationen zwischen Saumagen-Burger und Latte Macchiato von Waldpilzen werden auch Klassiker hier immer wieder neu interpretiert. *Mo/Di geschl. | Goethestr. 14 | Tel. 06391 13 40 | wasgauperle.de | €€–€€€*

SPORT & SPASS

DAHNER FELSENPFAD ★

All die thronenden Felsen, alle Quellen und Mythen entdecken, die die Region um Dahn dominieren, das ist das Ziel vieler Besucher: Herausforderung angenommen – und zwar zu Fuß! Auf spannende Weise erkundest du alles über den knapp 12,5 km langen Dahner Felsenpfad, der an der Felsformation „Braut und Bräutigam" startet und dich – vorbei an etlichen atemberaubenden Aussichtspunkten – auch wieder hierher zurückführt. Also: Rucksack gepackt, Wanderschuhe geschnürt und ab auf den Felsenpfad!

FELSLAND BADEPARADIES

Die Adresse in der Region für abenteuerliches Badevergnügen, für ambitionierte Schwimmer, genauso für alle, die einfach nur einen entspannten Tag im Wasser genießen wollen. Und selbst, wenn mal ein Tag mit Schmuddelwetter dabei ist, sorgen die rasante Schlitterpartie auf der 40 m langen Rutsche oder ein Abtauchen in die Warmsprudelgrotte für Urlaubsfeeling. Im Sommer ist Planschen und Sonnenbaden inmitten von Felsen im Außenbereich angesagt. *Mo–Sa 9–21, So 9–20 Uhr | Eybergstr. 1 | Eintritt ab 3,90, mit Sauna ab 21 Euro | felsland-badeparadies.de*

WELLNESS

SPA-RESSORT PFALZBLICK

Dass man hier gar nicht mehr draußen im Wald ist, lässt sich im gemütlich mit viel Holz eingerichteten Wellnessbereich des 4-Sterne-Hotels glatt vergessen. Zum Spa gehören unter anderem eine Panoramasauna sowie ein Blütendampfbad, dazu kommen klassische Massage- und Kosmetikbehandlungen, die man dazubuchen kann. *Tgl. 7–22 Uhr, Day-Spa-Termine nur nach Anmeldung | Goethestr. 1 | ab 89 Euro | Tel. 06391 40 40 | pfalzblick.de*

RUND UM DAHN

11 BÄRENBRUNNERHOF

8 km von Dahn, 30 Min. mit dem Rad

Du musst schon in eine Sackgasse fahren, wenn du in den Naturgenuss für alle Sinne in Schindhard kommen willst. Die Trasse endet im Bärenbrunnertal auf einer großen und üppig grünen Lichtung, von der aus du verschiedene Wege erwandern kannst. Das eigentliche Ziel aber liegt direkt vor Augen – in einmaliger Kulisse wird hier ein Biobauernhof betrieben mit Kühen, Schweinen, Ziegen, Pferden, Hühnern und *Hofladen (März–Dez. Fr/Sa 10–18 Uhr)*. Leckeres aus eigenem Bestand gibt's in der *Gaststätte (Mo/Di geschl. | Tel. 06391 57 44 | €)*, Kinder toben auf dem Spielplatz. *F11*

12 ERLEBNISPARK TEUFELSTISCH

8 km von Dahn, gut 10 Min. über die B 427

Mit Felsenmeer, Wasserspielplatz, Seilbahn, Labyrinth mit Glockenturm, Kleinkinderspielplatz und Minigolf ist der Erlebnispark ein perfekter Ort für Familien, an dem kleine Urlauber sich austoben können. An der namensgebenden Felsformation etwas oberhalb liegt Mystik in der Luft: Hier soll, der Sage nach, der Teufel einst persönlich gespeist haben. *Im Sommer tgl. 10–18 Uhr | Im Handschuhteich 31 | Eintritt frei, Minigolf 2, Kinder 1,50 Euro | Tel. 06392 99 32 76 | hinterweidenthal.de | E11*

13 HAUENSTEIN ★

17 km von Dahn, 20 Min. über die B 427 und B 10

Kennst du das, wenn Alltagsgegenstände irgendwann zu Kultobjekten werden, Besessenheit hervorrufen, und eigentlich keiner mehr genau weiß, wie man da nun hingekommen ist? Bestes Beispiel: der Schuh – und das nicht erst seit „Sex and the City". Ob aus Leder oder Stoff, mit Absatz oder flach, bunt oder schlicht: Zeig mir deine Schuhe, und ich sag dir, wer du bist. Das *Schuhmuseum (tgl. 9.30–17 Uhr | Eintritt 8 Euro | museum-hauenstein.de)* in der einstigen Schuhmacherhochburg Hauenstein (3900 Ew.) geht der Geschichte des Schuhs auf den Grund und findet Antworten für die allgegenwärtige Begeisterung. Zu bestaunen ist hier auch der größte Schuh der Welt.

Wer noch mehr über Schuhe erfahren will, fährt direkt weiter ins modern gestaltete Besucherzentrum der *Schuhfabrik Josef Seibel (März–Okt. Mi–Fr 9.30–12 und 12.45–16.30 Uhr | Waldenburgerstr. 1 | Eintritt 5 Euro)*, wo man nicht nur Einblick bekommt, wie mit über 100 manuellen Arbeitsschritten Schuhe entstehen, sondern auch als Schuhdesigner seinen eigenen Sneaker entwerfen kann. F11

14 RAMBERG

36 km von Dahn, 40 Min. über die B 10

Hier kommt so einiges im Dreierpack: In einem romantischen Tal treffen sich in Ramberg (1000 Ew.) die drei Bäche Dernbach, Wiesenbach und Ohlsbach. Anerkennung findet Ramberg wegen dreier Burgruinen: *Meistersel, Neuscharfeneck* und *Ramburg*, die im 11., 12. und 13. Jh. entstanden und heute unterschiedlich gut erhalten sind.

INSIDER-TIPP Wadentraining

Geübte Wanderer führt der *Drei Burgen Weg (6 Std.)* über knapp 17 km und über 500 Höhenmeter zu allen drei Burgen und fantastischen Aussichtspunkten über das grüne Tal. G10

15 SILZ

18 km von Dahn, 25 Min. mit dem Auto

Ein herrliches Idyll ist Silz (800 Ew.), wo man herrlich am großem Natursee spazieren gehen kann. Spannend und lehrreich zugleich ist der 8 km lange Rundweg durch den *Wild- und Wanderpark Silz (März–Okt. tgl. 9–Einbruch der Dunkelheit, Nov.–Feb. Mi–So ab 10 Uhr | Hauptstr. | Eintritt 8, Kinder 4 Euro | wildpark-silz.de | 3 ½ Std.)*. 400 Tiere 15 verschiedener Arten bewegen sich auf dem

Schuhe mit Geschichte im Museum in Hauenstein

Spektakulärer Ausblick von der Wegelnburg hoch über Nothweiler

100 ha großen Gelände, Rot- und Damwild etwa, aber auch Wisente, Wildschweine und Wölfe. Gegen den Hunger gibt es in der *Parkgaststätte (€)* Pfälzer Spezialitäten. G11

16 BURG BERWARTSTEIN ★

11 km von Dahn, 20 Min. über die B 427

Eine mittelalterliche Folterkammer, die Burgküche, das Schlafzimmer eines Ritters sowie dessen Ausrüstung und Waffenkammer sind die spannendsten Einblicke auf Burg Berwartstein bei Erlenbach, wo einst der Raubritter Hans Trapp hauste. Die Burg wurde 1152 erstmals erwähnt und ist heute noch bewohnt und bewirtet. Uneinnehmbar wurde sie durch den Burgaufstieg in Form einer senkrechten Höhle. Besonders spannend und schaurig sind die regelmäßig stattfindenden Fackelführungen durch die verwinkelte Burg, bei denen es durch Geheimgänge tief in die jahrhundertealte Historie des Gemäuers geht *(Termine im Internet). März–Okt. tgl., Nov.–Feb. Sa/So 10–17 Uhr | burgberwartstein.de | Eintritt 5 Euro | 2 Std. |* F12

INSIDER-TIPP
Geschichtsstunde mit Gruselfaktor

17 FISCHBACH

18 km von Dahn, 25 Min. mit Auto

Viel näher an der Natur als hier im *Biosphärenhaus (tgl. ab 9.30 Uhr | Am Königsbruch 1 | Eintritt 9 Euro | biosphaerenhaus.de | 1 ½ Std.)* im kleinen Erholungsort Fischbach (1600 Ew.) geht's nicht. Zunächst durchläuft man die interaktive Multimediaausstellung über die Entstehung von Gesteinen, Tieren und Pflanzen, bevor es dann auf dem *Baumwipfelpfad* an die Praxis geht. Die Höhenangst hat ab hier Pause – jetzt geht's ans Naturerleben in 18 m Höhe! Auge in Auge mit Vögeln und Eichhörnchen ist der Ausblick hier sensationell. *E12*

18 NOTHWEILER ★

13 km von Dahn, 20 Min. mit Auto

Hoch oben über dem charmanten Erholungsort Nothweiler (150 Ew.) thront auf 571 Metern mit der *Wegelnburg* die höchstgelegene Burgruine der Pfalz. Reste von Toren, Gebäuden und Ringmauern sind hier zu sehen. Bis rüber nach Frankreich reicht der Panoramablick von der lang gestreckten Anlage – wenn man sie erst einmal erklommen hat. Von hoch oben führt das nächste Ziel direkt untertage: Die Erzgrube *Sankt-Anna-Stollen (April–Okt. Mi–So 11–17 Uhr | Eintritt 5 Euro | nothweiler.de | 1 Std.)* zeigt in einem faszinierenden, knapp einen halben Kilometer langen Rundgang, wie hier seinerzeit Eisenerz gewonnen wurde. Noch heute sieht man es in den Stollen funkeln. *E12*

19 CHÂTEAU FORT DE FLECKENSTEIN

19 km von Dahn, 25 Min. mit Auto

Einfach mal nach Frankreich laufen – die Vorteile der Grenzregion liegen im südlichen Zipfel der Südwestpfalz klar auf der Hand. Los geht's im Schönauer Ortsteil Hirschthal am *Parkplatz Altes Zollhaus (Hauptstr.)*, das an Zeiten weit vor EU und Euro-Einführung erinnert. Von hier aus sind es zu Fuß knappe 1,5 Stunden zur Burg Fleckenstein, der größten Felsenburg der Nordvogesen. *Ende März–Anf. Nov. tgl. 10–17/17.30/18, 26.–31. Dez. tgl. 12–16, Jan.–März So 12–16 Uhr (bei Schnee und Glatteis geschl.) | Eintritt 4,50 Euro inkl. Führung | fleckenstein.fr | E13*

SCHÖNER SCHLAFEN IM PFÄLZERWALD

GLEISBETT MAL ANDERS

Im *Ferienbahnhof Reichenbach* bei Dahn macht man Urlaub in einem ausgedienten Eisenbahnwaggon. Zwei Wagen der Schweizer Nationalbahn und einen der Deutschen Bundesbahn hat die Betreiberfamilie mit viel Liebe zum Detail umgebaut und modern ausgestattet (inkl. WLAN). Wohlfühlfaktor hoch zehn! *5 Fewo. | März–Okt. | An der Reichenbach 6 | Tel. 06391 37 55 | ferienbahnhof-reichenbach.de | €€*

ZIMMER HINTER GITTERN

Direkt am Japanischen Garten befindet sich das *Hotel Alcatraz* im Gebäude der ehemaligen Justizvollzugsanstalt Kaiserslautern. Neben Zellen, natürlich mit komfortableren Schlafgelegenheiten als anno dazumal, gibt es auch klassische Hotelzimmer – und serviert wird Prosecco statt Wasser. *56 Zi. | Morlauterer Str. 1 | Tel. 0631 4 14 04 00 | hotel-alcatraz.de | €–€€*

WEINSTRASSE

IM REBENPARADIES

Kann man sich einmal sattsehen am Grün der Weinberge, dem Rot der Trauben oder den knalligen rosa Mandelblüten? Nein. Und das muss man auch nicht, schließlich sorgen Tausende Sonnenstunden jährlich in der „Toskana Deutschlands" dafür, dass das Draußensein hier so richtig Spaß macht.

Historisch bekannt ist der südliche Teil der Pfalz etwa als der Ort, wo sich König Ludwig I. in die Region verliebte oder Maler Max Slevogt sich die Inspiration für seine Meisterwerke des Impressionismus

Über die Weinberge hat man Deidesheim im Blick

holte. Für Urlauber ist er eine Region, die zu allerlei Abenteuern einlädt. Ganz im Westen wanderst du durch Weinberge und im Süden geht's für einen Abstecher über die französische Grenze ins benachbarte Elsass. Zentral in der Gegend von Neustadt wird nicht nur auf dem Hambacher Schloss die Geschichte der Region lebendig gemacht.

WEINSTRASSE
Ramsen
6
63
Erlenbach
Siegelbach
Rodenbach
Morlautern
Erzhütten
Fischbach
6
Frankenstein
Kaiserslautern
Hochspeyer
Kindsbach
Hohenecken
Dansenberg
Waldleiningen
Stelzenberg
Queidersbach
DEUTSCHLAND
Esthal
Erfenstein
Schopp
Trippstadt
Linden
Horbach
Schmalenberg
Helmbach
Hermersberg
Steinalben
Heltersberg
57 km, 50 Min.
37 km, 27 Min.
Waldfischbach-Burgalben
Hofstätten
Ramberg
Dernbach
MARCO POLO HIGHLIGHTS
★ FREIZEITBAD LA OLA
Blockhaus, Dampfbad & Co.: eine der schönsten Saunalandschaften ➤ S. 82
★ RHODT UNTER RIETBURG
Der alte Ortskern der Gemeinde zählt als einer der schönsten der Pfalz ➤ S. 83
★ HAMBACHER SCHLOSS
Die Reichsinsignien des Heiligen Römischen Reichs Deutscher Nation in gut erhaltenen Mauern ➤ S. 86
★ HOLIDAY PARK HASSLOCH
Im spritzigen Wildwasser und auf rasanten Achterbahnen steigt der Adrenalinspiegel ➤ S. 88
★ HARDENBURG
Was für eine Aussicht! Auf der Burg gibt's viel zu entdecken ➤ S. 92
★ FREINSHEIM
Nicht nur auf den Stadttürmen spürt man die Geschichte des süßen Barockstädtchens ➤ S. 94
Wilgartswiesen
5 Trifels
Annweiler am Trifels
Hauenstein
Lug
Leinsweiler 3
Madenburg 4
Völkersweiler
Waldhambach
Erfweiler
Darstein
Silz
28 km, 1 Std. 40 Min.
Schindhard
Vorderweidenthal
Erlenbach bei Dahn
Lauterschwan
Bundenthal
Reisdorf
Bad Bergzabern
Niederschlettenbach
Oberotterbach
Bobenthal
6 Wissembourg

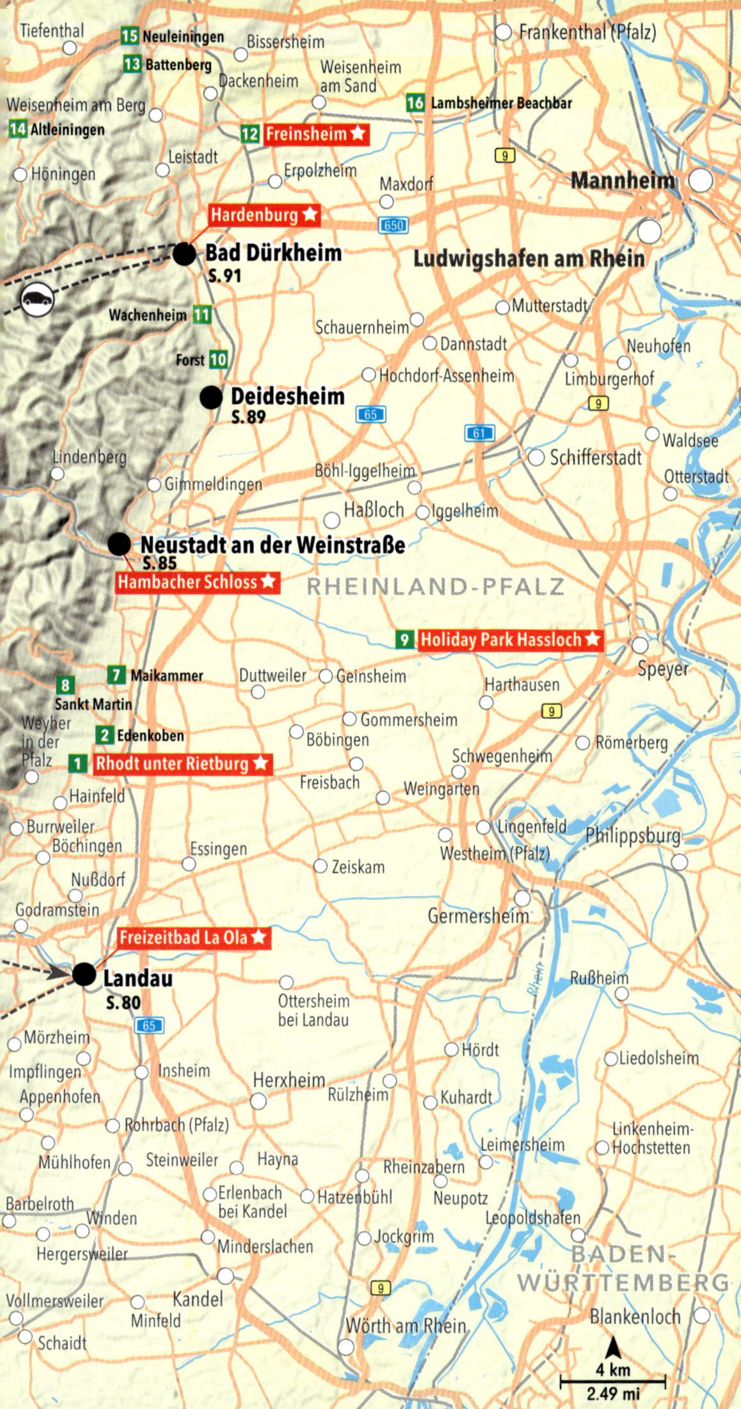
Tiefenthal
15 Neuleiningen
Bissersheim
13 Battenberg
Dackenheim
Weisenheim am Sand
Frankenthal (Pfalz)
16 Lambsheimer Beachbar
Weisenheim am Berg
14 Altleiningen
12 Freinsheim
Leistadt
Höningen
Erpolzheim
Maxdorf
Mannheim
Hardenburg
650
Bad Dürkheim
S. 91
Ludwigshafen am Rhein
Mutterstadt
Wachenheim 11
Schauernheim
Dannstadt
Neuhofen
Forst 10
Hochdorf-Assenheim
Limburgerhof
Deidesheim
S. 89
65
61
9
Waldsee
Lindenberg
Schifferstadt
Otterstadt
Böhl-Iggelheim
Gimmeldingen
Haßloch
Iggelheim
Neustadt an der Weinstraße
S. 85
Hambacher Schloss
RHEINLAND-PFALZ
9 Holiday Park Hassloch
Speyer
7 Maikammer
Duttweiler
Geinsheim
Harthausen
8
Sankt Martin
Gommersheim
Weyher in der Pfalz
2 Edenkoben
Böbingen
Römerberg
1 Rhodt unter Rietburg
Schwegenheim
Freisbach
Weingarten
Hainfeld
Burrweiler
Lingenfeld
Philippsburg
Böchingen
Essingen
Westheim (Pfalz)
Zeiskam
Nußdorf
Godramstein
Germersheim
Freizeitbad La Ola
Landau
S. 80
Rußheim
Ottersheim bei Landau
Rhein
Mörzheim
Hördt
Liedolsheim
Impflingen
Insheim
Herxheim
Rülzheim
Kuhardt
Appenhofen
Rohrbach (Pfalz)
Linkenheim-Hochstetten
Leimersheim
Mühlhofen
Steinweiler
Hayna
Rheinzabern
Erlenbach bei Kandel
Hatzenbühl
Neupotz
Barbelroth
Winden
Leopoldshafen
Hergersweiler
Minderslachen
Jockgrim
BADEN-WÜRTTEMBERG
Vollmersweiler
Kandel
Minfeld
Blankenloch
Wörth am Rhein
Schaidt
4 km
2.49 mi

LANDAU

(☐ H10–11) **Die einstige französische Garnisons- und heutige Universitätsstadt Landau (45 000 Ew.) gibt sich charmant jugendlich.**

In der modernen Fußgängerzone der Stadt reihen sich hübsche und trendige Cafés und Kneipen aneinander, viele attraktive Geschäfte sind Ziel von Shoppingtouristen aus dem Umland. Landau ist eine der größten Weinbaugemeinden Deutschlands und blickt auf eine wechselhafte Geschichte zurück, die das Stadtbild bis heute prägt. Der lebendige Rathausplatz mit Bistros und Restaurants im Zentrum ist beliebter Treffpunkt und macht was her mit den umgebenden herrschaftlichen Gebäuden: Das Alte Kaufhaus zum Beispiel fällt sofort durch seinen treppenartigen Giebel ins Auge. Heute gibt es hier Konzerte, Theater und Events. Jeden Samstag findet auf dem Rathausplatz ein Wochenmarkt statt – für die Landauer und die Menschen aus dem Umland Einkaufswelt und gesellschaftliches Ereignis zugleich.

WOHIN ZUERST?

Im **Frank-Loebschen Haus** im Zentrum wurde Anne Franks Großvater geboren. Aber nicht nur deshalb sollte man den vierflügeligen Bau u. a. mit dauerhafter Ausstellung zur Geschichte der Juden in Landau besuchen. Die beeindruckende Architektur, die ältesten Teile aus der Gotik, lassen sich auch gemütlich im Innenhof genießen, wenn die Weinstube Blum im Freien serviert. Von hier aus erkundet man die ganze Stadt. Bushaltestellen: Uni/Alter Messplatz und Hauptbahnhof; Parkhäuser sind ausgeschildert.

SIGHTSEEING

FRANK-LOEBSCHES HAUS

In dem dreigeschossigen, vierflügeligen Bau mit den rund umlaufenden Holzgalerien finden einmal im Jahr die Weintage der Südlichen Weinstraße statt. Das Geburtshaus des Großvaters von Anne Frank ist der Begegnung und Kommunikation gewidmet, neben einer dauernden Ausstellung zur Geschichte der Landauer Juden sind auch wechselnde Ausstellungen regionaler Kunst zu sehen. *Di–Do 10–12 und 14–17, Fr–So 11–13 Uhr | Kaufhausgasse 9 | Eintritt frei | ⏲ 1 ½ Std.*

RATHAUSPLATZ

Der perfekte Ort, um den Tag zu planen und auf einen Blick die Geschichte der Stadt auf sich wirken zu lassen. Hier in der Innenstadt zeigt sich das Mischungsverhältnis aus Mittelalter, Gründerzeit und Jugendstil nämlich am allerschönsten. Und in vielen der Cafés bekommst du auch zu späterer Stunde noch ein herrliches Start-in-den-Tag-Frühstück.

FESTUNG

Zweimal war Landau in der Hand der Franzosen. Zunächst ab 1680, als die Gegend noch als Teil des Elsass zu Frankreich gehörte, dann erneut nach

Rathaus und Marktplatz Landau – man kann hier auch einfach den Tag verbummeln

dem Zweiten Weltkrieg als Teil der französisch besetzten Zone. Architektonische Hinterlassenschaften des französischen Baumeisters Sébastien de Vauban sind das *Französische Tor* am Obertorplatz und das *Deutsche Tor* am Untertorplatz im Südwesten bzw. Nordosten der damaligen Festung, die zwischen 1688 und 1691 entstand. Inzwischen hat die Stadt einen ganzen Rundweg geschaffen, auf dem du die Festung und ihre Geschichte auf eigene Faust entdecken kannst *(landau.de)*.

REPTILIUM ☂

Gut möglich, dass du erst mal Schlange stehen musst, bevor du die Schlangen zu sehen bekommst. Auch gefährliche Kaimane, scheinbar harmlose Echsen und andere Kriechtiere sind hier Stars.

INSIDER-TIPP
Attraktion für Nachtaktive

Fütterungen jede volle Stunde. Wer es noch spektakulärer mag: Jeden ersten Donnerstag im Monat startet um 18 Uhr die Zoonacht mit spezieller Führung und vielen Fütterungen. *Tgl. 10–18 Uhr | Werner-Heisenberg-Str. 1 | Eintritt 16,50 Euro | reptilium-landau.de | ⏱ 2 ½ Std.*

ESSEN & TRINKEN

SUPPE MAG BROT

Currywurst auf die Hand war gestern – jetzt geht's in die Suppenbar. Hier sind Suppen und Brote (der Großteil vegan) mit frisch zubereiteten Aufstrichen die Stars der Speisekarte. Die kunterbunte Einrichtung lässt Toskana-Feeling aufkommen. *Fr/Sa geschl. | Friedrich-Ebert-Str. 15 | Tel. 06341 2 68 45 71 | suppemagbrot.de | €*

WEINSTUBE ZUR BLUM

Im Ambiente des Frank-Loebschen Hauses hat sich diese Weinstube etabliert. Das Speisenangebot ist auf einer überdimensionalen Tafel zu lesen. Zu

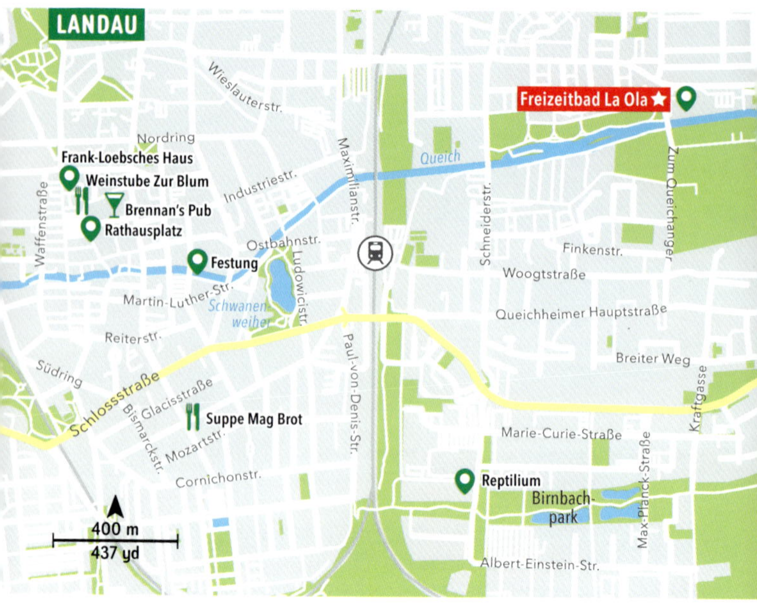

den saisonalen Kreationen des Hauses werden ausgesuchte Weine – auch von jungen Winzern – angeboten. *So/Mo geschl. | Kaufhausgasse 9 | Tel. 06341 89 76 41 | Facebook: Zur Blum |* €€

SPORT & SPASS

SÜDPARK LANDAU

Blühende Landschaften lockten 2015 Tausende Besucher auf den Ebenberg zur Landesgartenschau – mit einem Jahr Verspätung. Bombenfunde auf dem Gelände hatten die Eröffnung verzögert. Geblieben ist der heute kostenfrei zugängliche Südpark Landau, eine beschauliche Parkanlage, die einen Querschnitt der hiesigen Landschaft zeigt, sowie ein moderner Spielplatz, ein Spiel- und Freizeitcampus für Jugendliche mit Sportanlage für Fußball, Basketball oder Dirtbiking. *Georg-Friedrich-Dentzel-Str. 1*

FREIZEITBAD LA OLA ★

Das Schwimmbad in der Region – kein Wunder. Es bietet Riesenrutsche, Wellenbecken, Whirlpools, und besonders attraktiv ist die Saunawelt z. B. mit Blockhaussauna im Freien und türkischem Dampfbad. *Tgl. ab 10 Uhr | Horstring 2 | Eintritt ab 8,50 Euro | la-ola.de*

AUSGEHEN & FEIERN

BRENNAN'S PUB

Irische Biere vom Fass, gut zwei Dutzend Sorten Whisk(e)y, gute Musik und die Herzlichkeit der Iren – fast könnte man meinen, man wäre mal fix an die Irish Sea geflogen. Der charmante Irish Pub gehört zu den Lieblingen der Locals und organisiert an jedem letzten Sonntag im Monat den „Irish Whiskey Tasting Club" *(Anm. Tel. 0157 88 61 23 76). Tgl. ab 17 Uhr | Theaterstr. 10 | Tel. 06341 948889 | brennanspub.de*

RUND UM LANDAU

1 RHODT UNTER RIETBURG ★

10 km von Landau, 40 Min. mit dem Rad

Die schönste Straße der Pfalz, wie die Theresienstraße in Rhodt gern genannt wird, zeigt sich im Sommer und im Herbst von ihrer schönsten Seite und bietet nicht nur viele Einkehrmöglichkeiten und ausgezeichnete Weingüter, wie *Thorsten Krieger (Hausnr. 71, bekannt für seine Rotweine aus dem Barrique)* und *Knut Fader (Hausnr. 62, erfolgreich mit weißen Burgundersorten)*. Tolle Fotomotive findest du, wenn du auf dem Kopfsteinpflaster unter gewaltigen Kastanienbäumen zwischen Fachwerkhäusern, die aussehen, als wären sie einfach so zusammengesteckt und wie bei einer Modelleisenbahnlandschaft drapiert, bergauf läufst. *H10*

2 EDENKOBEN

11 km von Landau, 40 Min. mit dem Rad

Wenn schon der bayerische Regent höchstpersönlich seinen Sommer lieber hier als am Chiemsee mit Alpenblick verbringt, dann muss ja was dran sein – Edenkoben ist ein Ort für Genießer. Die königliche *Villa Ludwigshöhe (April–Sept. 9–18, Okt./Nov. 9–17 Uhr, am 1. Werktag der Woche geschl. | Eintritt 6 Euro | schloss-villa-ludwigshoehe.de)*, die König Ludwig I. 1852 fertigstellen ließ, beheimatet heute eine Galerie mit Werken des Künstlers Max Slevogt – den einmaligen Blick von den Stufen der Villa über die Weinstraße gibt es aber kostenlos. Noch ein Stück weiter hoch hinaus fährt von hier die *Rietburgbahn (März–Nov. tgl. ab 10 Uhr | 8 Euro Berg- und Talfahrt | rietburgbahn-edenkoben.de)* zur gleichnamigen Ruine. Feinschmecker schauen – zurück im Ort – unbedingt beim *Weingut Berizzi (Termine im Internet | ab 49 Euro | berizziweine.de)* vorbei: Die jungen Besitzer, die 2019 das Traditionsweingut Graeber über-

Schöne Ausblicke und impressionistische Kunst in der Villa Ludwigshöhe

Wo Richard Löwenherz im bunten Sandstein gefangen war: Burg Trifels

nommen haben, machen bei Kochkursen und Sommelière-Abenden aus ihren Gästen echte Gourmets. H9

3 LEINSWEILER

9 km von Landau, 15 Min. mit dem Auto

Wer an einem Samstag oder Sonntag nach Leinsweiler kommt, sollte etwas Zeit mitbringen. Das Weindorf dicht am Rand des Pfälzerwalds ist einer der beliebtesten Orte – auch bei den Einheimischen. Ruhiger geht es unter der Woche zu beim Spaziergang durch das malerische Fachwerkzentrum vorbei an der prachtvollen *Sankt Martinskirche* aus dem 13. Jh. und dem *Renaissancerathaus*, neben dem ein Röhrenbrunnen plätschert. Eher praktisch sind jene Gerätschaften, die im *Korkenziehermuseum (Besichtigung nach Absprache | Eintritt frei | Sonnenberg 9 | Tel. 06345 85 18 | korkenziehermuseum.de | 1 Std.)* in einem alten Kellergewölbe aus dem Jahr 1722 zu sehen sind. Annette Minges und Oliver Steiner haben hier eine Sammlung von 850 Korkenziehern zusammengetragen – historisch, neu, witzig, bemerkenswert. Nach einem Besuch dort geht's etwa in die Weinstube *Zum Kirchhölzel (Mo–Mi geschl. | Trifelsstr. 8 | Tel. 06345 28 47 | stuebinger.com | €–€€)*. Hier gibt es zu den gutseigenen Weinen und Sekten des Weinguts Stübinger bodenständige regionale Gerichte. G11

4 MADENBURG

9 km von Landau, 10 Min. mit dem Auto

Von weitem betrachtet, liegt die Ruine versteckt mitten im Wald, was den Überraschungseffekt umso größer macht, wenn man die Madenburg, eine der größten und ältesten der vielen Burgen der Region, endlich erreicht hat. Der Parkplatz liegt oberhalb der kleinen Weinbaugemeinde Eschbach, der Fußweg von hier dauert ca. 45 Minuten. Stärkung gibt's danach im Restaurant der Burg mit typisch pfälzischer Küche. Außerhalb der Öffnungszeiten des Restaurants bleibt auch die Burg geschlossen. Bei schönem Wetter gibt's im schönen Ambiente der Burg immer freitagabends Livemusik. *Mai–Okt. Mi–So 11.30–19, No.-April Mi–So 11.30–17 Uhr | Eintritt frei | madenburg-pfalz.de | ⏲ 3 Std. | 🕮 G11*

5 TRIFELS

22 km von Landau, 25 Min. über die B 10

Ein Prachtstück ist die Burg Trifels bei Annweiler schon aus der Ferne betrachtet: Denn der Buntsandsteinbau, der direkt auf einem Felsen gebaut ist, scheint zwischen den Bergen des Waldes zu schweben. Im Originalbau des Trifels gingen die Salier- und Stauferkaiser ein und aus Der berühmteste Gefangene hier oben war wohl 1193 der Englische König Richard Löwenherz. Wer hier heute auf Entdeckungstour geht, kann in der rekonstruierten Burg etwa die nachgebildeten Reichskleinodien des Heiligen Römischen Reichs Deutscher Nation bestaunen. *Ostern–Okt. Di–So 10–18, Feb.-Ostern und Nov. Sa/So 10–17 Uhr | Eintritt 4,50 Euro | trifelsland.de | 🕮 G10*

6 WISSEMBOURG

27 km von Landau, 35 Min. über die B 38

Fast in keiner Region Deutschlands ist es so leicht – und vor allem schön –, einfach mal eben über die Grenze zu hüpfen und malerische Ortschaften auf der französischen Seite zu erleben! Bestes Beispiel für die Lebensart jenseits der Landesgrenze ist das 7600-Einwohner-Städtchen Wissembourg mit schnuckligen Fachwerkbauten entlang des Lauterkanals und der riesigen *St.-Peter-und-Paul-Kirche* im Stadtzentrum. In der Altstadt stolperst du alle paar Meter ins nächste Bistro oder in eine neue Boulangerie, wo dir bereits vorm Schaufenster die Kinnlade herunterklappt. Geh doch mal in die *Patisserie Daniel Rebert (Di–Fr 7.30–18.30, Sa 7–18, So 8–18 Uhr | 7 Place du Marché aux Choux | patisserie-rebert.fr)*, mit der farbenprächtigsten Auswahl an Törtchen der Stadt.

Übrigens: Du kommst in der Stadt problemlos mit Deutsch weiter – auch wenn man deine Versuche, in der Landessprache zu kommunizieren, honorieren wird. *🕮 F–G12*

NEUSTADT AN DER WEINSTRASSE

(🕮 H–J 8–9) **Neustadt (53 000 Ew.), am Mittelpunkt der Deutschen Weinstraße gelegen, ist die Wiege der deutschen Demokratie.**

Oberhalb, im Ortsteil Hambach, fand im Mai 1832 auf dem Hambacher Schloss das berühmte Hambacher Fest statt, die erste Massendemonstra-

WOHIN ZUERST?

Egal wen du fragst, bekommst du immer die gleiche Antwort: „Hinauf, hinauf zum Schloss!" So wie es schon 1832 beim Hambacher Fest schallte, so werden auch die Neustadter entgegnen, wenn du dich erkundigst, was man denn als Erstes gesehen haben sollte in der Stadt, über der das imposante Bauwerk im Ortsteil Hambach thront. Bushaltestelle **Hambacher Schloss**, direkt zu erreichen über die Linie 502 ab Hauptbahnhof. Kostenpflichtige Parkplätze vorhanden.

tion für ein freies und geeintes Deutschland, an der etwa 30 000 Menschen teilnahmen.

Die Stadt selbst zeigt sich von zwei Seiten: mit grauen Bauten und Hochhäusern, die so gar nicht in das Bild der Weinstraße passen wollen, und mit einer sehr sehenswerten Altstadt. Deren geschichtsträchtige Viertel aus dem Spätmittelalter erkundest du auf dem Weg durch verwinkelte Gassen, in denen viele einladende Weinstuben und Restaurants zu finden sind. In der Fußgängerzone zwischen Bahnhof und altem Rathaus gibt es hübsche inhabergeführte Geschäfte zum Shoppen.

SIGHTSEEING

HAMBACHER SCHLOSS ★

Hinter den dicken Mauern des Schlosses – im 11. Jh. als Burg erbaut – erfährt man alles zur Demokratiebewegung, wandelt über etliche Treppen durch Säle und auf Türme, von denen aus man einen herrlichen Talblick hat. Innerhalb einer Befestigung aus dem spätrömischen Reich wurde um 1100 wieder eine Burg gebaut, von der aus Heinrich IV. seinen Gang nach Canossa angetreten haben soll. Heute sind hier auch Nachbildungen der Reichsinsignien aus dem Heiligen Römischen Reich Deutscher Nation zu sehen. *Tgl.*

Das Hambacher Schloss hält in seiner Ausstellung Geschichte fest

April–Okt. 10–18, Nov.–März 11–17 Uhr | Eintritt 6,50 Euro | hambacher-schloss.de | 3 Std.

FACHWERKHAUS METZGERGASSE 3

Fast jeder, der sich mitten „uff de Gass" über die offenen Türen wundert, wirft erst mal ein recht vorsichtiges Auge auf den Anblick, der sich ihm auf das wohl älteste Fachwerkhaus der Pfalz bietet. Eine wilde Sammlung aus Schildern am Eingang und im Inneren deutet aber tatsächlich darauf hin: Das hier soll so etwas wie ein Museum sein. Drinnen erzählen dir dann handgeschriebene Schilder die Geschichte eines jeden Balkens, ein bisschen Antiquariat und Antiquitätenladen zeigt sich auf den uralten Regalen ebenfalls. Der Besitzer, der morgens auf- und abends abschließt und der zwischendurch regelmäßig vorbeischaut, hat hier ein Kuriosum geschaffen, wie es kein zweites gibt.

INSIDER-TIPP **Bloß keine Scheu**

Wer mehr zur Geschichte und Anekdoten herausfinden will: Treffen abwarten und Gespräch beginnen – er hat ein Arsenal an Geschichten zu erzählen. *Metzgergasse 3*

VILLA BÖHM

Schubladen, Schalter oder Lampen sowie Bücher zum Blättern – das Stadtmuseum in der Villa Böhm ist ein Ort der Haptik und des Bewegens. So erkunden die Besucher der Villa ohne Langeweile die überhaupt nicht verstaubte 800-jährige Geschichte Neustadts. *Mi, Fr 16–18, Sa/So 11–13 und 15–18 Uhr | Maximilianstr. 25 | Eintritt frei | stadtmuseum-neustadt.de*

EISENBAHNMUSEUM

Das ist nicht nur was für eingefleischte Dampflok-Fans! In einem der ältesten Lokschuppen Deutschlands sind auf einer Ausstellungsfläche von 4000 m² wunderschön erhaltene Exponate der Eisenbahngeschichte zu bewundern: 40 Schienenfahrzeuge, Dampfrösser mit mannshohen Antriebsrädern, wie zum Beispiel die pfälzische Schnellzugdampflok Bauart Crampton „Die Pfalz". Von Ostern bis Oktober fährt jeden zweiten Sonntag das dampfbetriebene *Kuckucksbähnel* nach Elmstein *(Fahrzeit 2½ Std., Termine auf der Website, Hin- und Rückfahrt 16 Euro). Mi–Fr 10–13, Sa/So 10–16 Uhr | Schillerstr. 3 | Eintritt 5 Euro | eisenbahnmuseum-neustadt.de | 2 Std.*

ESSEN & TRINKEN

COMMAMI

Ein bisschen Sushi und ein bisschen Magie, anders sind die Kreationen des In-Japaners gar nicht zu beschreiben. Frische Zutaten treffen auf spannende Geschmackskombinationen und die wiederum auf eine Präsentation zum Augenreiben. Gerade die Mittagsmenüs gibt es zu extrem fairen Preisen. *Mo geschl. | Strohmarkt 12 | Tel. 06321 8906775 | Facebook: commami | €–€€*

HERVÉ'S CRÊPERIE

Oh là là, und zwar wirklich. Die nahegelegene Grenze zu überqueren, kannst du dir diesmal fast sparen. Zumal es überhaupt fraglich ist, ob man in den französischen Nachbar-Départements überhaupt süße Crêpes oder herzhafte Galettes findet, die den original bretonischen Rezepten von Hervé das Wasser reichen können. *So–Di geschl. | Hauptstr. 121 | hervescreperie.de | €*

URGESTEIN

Mit Hedi Rink und Aura Cârstea herrscht in der Sterneküche des Urgestein im Steinhäuser Hof geballte Frauenpower. Küchenchefin Rink ist zuständig für Pfälzisches und Ausgefallenes im stylish eingerichteten ehemaligen Marstall. Hier werden wechselnde saisonale Menüs aufgetischt: vom exotischen Wagyu über die heimische Forelle. Gute Weine sind Ehrensache. *So/Mo geschl. | Rathausstr. 6a | Tel. 06321 489060 | restaurant-urgestein.de | €€€*

RUND UM NEUSTADT

7 MAIKAMMER

7 km von Neustadt, 10 Min. mit dem Auto

Wenn du auf die höchste Erhebung der Südpfalz gelangen willst, die fast 700 m hohe Kalmit, führt an Maikammer kein Weg vorbei. Fachwerkhäuser säumen den Weg durch das beschauliche Örtchen mit den schmucken Patrizierhöfen. Die barocke Kirche und die *Alsterweiler-Kapelle* mit dem prächtigen Flügelaltar sind der Stolz der Bewohner. Wenn du weiter auf den Gipfel willst, pack dir festes Schuhwerk ein, parke auf halber Strecke zur Kalmit und lauf den Rest *(etwa 1 ½ Std.)*. Oben wirst du im *Weingut Stachel (Mo–Fr 9–12, Mo, Mi–Fr auch 14.30–18, Sa 10–16 Uhr | Bahnhofstr. 40 | Tel. 06321 51 12 | weingut-stachel.de)* mit Wein bester Qualität belohnt. Das Gut hat in den letzten Jahren vor allem durch seine Barriqueweine auf sich aufmerksam gemacht. *H9*

8 SANKT MARTIN

9 km von Neustadt, 15 Min. mit dem Auto

Wenn im Frühjahr die Mandelbäume blühen, erwacht der kleine schmucke Weinort, der zu den schönsten der Pfalz gehört, aus dem Winterschlaf. Der Kropsbach schlängelt sich zwischen traumhaftem Fachwerk, auf dem Kirchplatz gibt der heilige Martin von Tours der Gemeinde Schutz. Schatten wirft nur die Martinuskirche mit dem Bibelgarten, in dem Pflanzen wachsen, die im Heiligen Land oder in der christlichen Mythologie zu finden sind. Weiter oben thront die etwa um das Jahr 1200 erbaute Kropsburg. *H9*

9 HOLIDAY PARK HASSLOCH ★

16 km von Neustadt, 20 Min. über die B 39

Adrenalin-Kick gefällig? Dann stürz dich auf dem *Free Fall Tower* 70 m in die Tiefe, ras auf den Achterbahnen *Expedition GeForce* und *SkyScream* bis zu 120 km/h schnell über Schienen

Prost! Nach langem Wandern kann man sich's wohl verdient schmecken lassen

oder lass im *Lighthouse Tower*, einem der höchsten Kettenkarussells Europas, die Beine baumeln. Aber keine Angst, auch Familien mit kleinen Kindern erleben zwischen Kinderattraktionen, Spielplätzen und Shows einen unterhaltsamen Tag. *Ende März–Anf. Nov., genaue Öffnungszeiten s. Website | Holiday-Park-Str. 1–5 | Eintritt nach Körpergröße: ab 1,40 m 45,50, ab 1 m 40,50, ab 85 cm 16,50 Euro, unter 85 cm frei | holidaypark.de | J7*

DEIDESHEIM

(J8) **Der Weinbauort Deidesheim (3700 Ew.) ist fraglos der Ort mit den namhaftesten Winzerbetrieben in der Pfalz.**

Seit 770 wird hier Weinbau betrieben. Eine andere Tradition ist jedoch fast ebenso wichtig: die Geißbockversteigerung. „Gut gebeutelt und gehörnt" muss der nach alter Sitte sein, die aus dem Jahr 1404 stammt, als die Gemeinde Lambrecht als Gegenleistung für Weiderechte einen Geißbock zu liefern hatte.

SIGHTSEEING

HISTORISCHES RATHAUS

Der Blickfang direkt am Marktplatz! Innen ist der Ratssaal das Schmuckstück, außen die prunkvolle Treppe mit goldfarbenen Geländern. Das barocke Haus von 1532 zählt zu den schönsten in der Pfalz und ist das wohl am meisten fotografierte Bauwerk der Region.

MUSEUM FÜR FOTO-, FILM- UND FERNSEHTECHNIK

Egal an welche Technologien aus der Geschichte man sich erinnern mag, die Chancen stehen gut, dass die gute alte Zeit hier lebendig wird. Unter den Museumsstücken findet man die gute alte Leica und weitere Meisterwerke der Optik, Mechanik und Elektronik – Maschinen, die zum Teil aussehen, als wären sie Bastelwerke aus dem Überraschungsei. Und man erfährt, wie die Bilder (auch fürs Fernsehen) laufen lernten. *Do 10–16, Fr 14–18, Sa/So 10–18 Uhr | Weinstr. 33 | Eintritt 4 Euro | 3f-museum.de | 1 ½ Std.*

WEINGUT GEHEIMER RAT DR. VON BASSERMANN-JORDAN

Gefühlt alle fünf Meter über einen neuen Lieblingswein zu stolpern, ist die eine Sache, die Herstellung des Pfälzers Lieblingsgetränks zu erforschen, die andere. Einen Blick hinter die Kulissen erlaubt dieses Traditionsweingut. Auf knapp einem Kilometer Keller-Tunnellänge lagern noch trinkbare Weine von 1811. Das Allerheiligste des über 300 Jahre alten Betriebs! *Mo–Fr 8–18, Sa/So 10–15 Uhr | Führung: Termine und Preise im Internet | Kirchgasse 10 | Tel. 06326 60 06 | bassermann-jordan.de*

ESSEN & TRINKEN

SCHWARZER HAHN

Das Restaurant des berühmten Hotels *Deidesheimer Hof* hat Kultstatus – und das nicht nur weil das Küchenteam sich einen Michelin-Stern erkocht hat. Hier ging auch Bundeskanzler Helmut Kohl als Stammgast ein und aus, nicht selten mit Staatsgästen im Schlepptau. Zum D-Hof, wie der Hof im Volksmund heißt, gehört auch das charmante *Restaurant Sankt Urban*, in dem man die Kreationen des viel gelobten Küchenteams etwas günstiger bekommt. *Tgl. | Am Marktplatz | Tel. 06326 9 68 70 | deidesheimerhof.de | €€–€€€*

TURMSTÜBL

Kleine, gehobene Weinstube, die modernes Ambiente in dicke Sandsteinmauern integriert. Spezialitäten sind die Weincremesuppe und der warme Spitzbub, ein Weinkäse mit Wildpreiselbeerdressing. *Mo geschl. | Turmstr. 3 | Tel. 06326 98 10 81 | turmstuebel.de | €€*

INSIDER-TIPP
Aus Wein mach alles

SPORT & SPASS

WANDERN & RADELN

In Deidesheim starten zahlreiche Touren zu Fuß oder mit dem Bike. Mit dem Fahrrad startest du zu erlebnisreichen Rundtouren in die umliegenden Weindörfer oder bis nach Speyer. Der 516 m hohe *Eckkopf* und die *Heidelöcher*, Reste einer frühmittelalterlichen Fliehburg, sind mit passendem Schuhwerk sehenswerte Ziele.

OASE IM PARADIESGARTEN

Ist es nicht schon Entspannung pur, überhaupt den Namen des kleinen Freibads am Ortsrand von Deidesheim zu hören? Umgeben von Weinbergen genießt du in dieser Oase nicht nur einen fantastischen Ausblick, sondern treibst auch noch im kühlen Nass unter der strahlenden Pfälzer Sonne. *Mai–Sept. Mo 13–20, Di–Fr 10–20, Sa/So 10–19 Uhr | Schwimmbadstr. 23 | Eintritt 4 Euro*

RUND UM DEIDESHEIM

10 FORST

2 km von Deidesheim, 25 Min. zu Fuß

Auf dem „alten" Teil der Weinstraße des 800-Einwohner-Ortes reihen sich so viele romantische Winzerhöfe aneinander, dass man nach wenigen Metern direkt die nächste Pause einlegen mag. Einige der besten Rieslinge der Region (etwa von den Weingütern Eugen Müller, Acham-Magin oder Heinrich Spindler) stammen von hier. Bei einem Spaziergang um Forst herum machst du Bekanntschaft mit Kirchenstück, Jesuitengarten, Pechstein oder Ungeheuer, den „besten Weinlagen der Pfalz". J8

11 WACHENHEIM

4 km von Deidesheim, 20 Min. mit dem Rad

Eines der malerischsten Dörfer an der Weinstraße ist Sitz einer der größten Sektkellereien Deutschlands: Schloss Wachenheim. Darüber thront die Ruine der Wachtenburg (12. Jh.), die beim *Burg- und Weinfest* im Juni aus allen Nähten zu platzen droht. Dann wirst du auch in den Restaurants im Ort kaum mehr einen Platz bekommen, etwa in der *Gerümpelstube (Mi geschl. | Hintergasse 4 | Tel. 06322 8550 | geruempelstube.de | €€)* mit pfälzischen Kreationen. Ebenfalls Spezialitäten gibt's im Restaurant der *Metzgerei Hambel (Di–Sa 11.30–14.30, Do–Sa auch 17.30–23 Uhr | Hintergasse 1 | metzgerei-hambel.de | €€)*.

Spitzenrestaurant im „D-Hof": Schwarzer Hahn

Außerhalb des Orts ist der *Kurpfalz-Park (April–Okt. tgl. ab 9 Uhr | Eintritt 18, Kinder 16 Euro | Rotsteig | kurpfalz-park.de | 6 Std.)* ein herrlicher Ort für einen Familienausflug. Der kleine charmante Freizeitpark vereint kleinere Fahrattraktionen mit vielen lehrreichen Programmpunkten zum Thema Wald, eine Greifvogel-Flugshow, ein Wildtiergehege und ein Waldlehrpfad. J7

BAD DÜRKHEIM

(H–J7) **Das größte Weinfass der Welt ist zweifellos das Wahrzeichen**

Neben dem größten Weinfass gibt es in Bad Dürkheim auch das größte Weinfest

der Kurstadt Bad Dürkheim (18 500 Ew.). Ein weiteres ist die Saline, ein 330 m langer Gradierbau, der der Stadt als Freiluftinhalatorium dient.

Einmal im Jahr werden diese beiden Sehenswürdigkeiten in den Schatten gestellt – vom Riesenrad, das jedes Jahr im September herausragendes Merkmal des größten Weinfests der Welt ist, des Wurstmarkts. Im Sommer bahnen sich Touristen ihren Weg durch den Kurpark in die eher ruhige Innenstadt. In der kleinen Fußgängerzone mit dem mediterran anmutenden Stadtplatz in der Mitte der Stadt, die wegen ihrer sieben Heilquellen 1847 den Zusatz Solbad erhielt, gibt es Geschäfte, Cafés und Restaurants – ein Ort, an dem sich über Stunden die Sonne genießen lässt.

SIGHTSEEING

RIESENFASS

Da musst du jetzt durch: Die 1,7 Mio. l Fassungsvermögen des größten Weinfasses der Welt sind nicht mit gutem Rebensaft gefüllt, von dem es in und um Bad Dürkheim sehr viel gibt, sondern mit ansprechender Gastronomie für viele, viele Bustouristen! Das Fass sollte man sich trotzdem anschauen, wegen seiner Ausmaße (13,5 m Durchmesser). 200 Tannen wurden dafür verarbeitet. *Tgl. ab 11.30 Uhr | Sankt-Michael-Allee 1 | Tel. 06322 2143 | duerkheimer-fass.de | €€*

KLOSTER LIMBURG

In der romantischen Krypta geben sich Paare das Jawort, draußen vor den imposanten Mauerresten finden Konzerte und Theateraufführungen statt. Vom ehemaligen Kloster im romanischen Baustil (etwa um 1025 erbaut) hast du einen überragenden Ausblick auf die Umgebung und die Kurstadt, die sich zu Füßen der Ruine ausbreitet. *Luitpoldweg 1 | frei zugänglich*

HARDENBURG ★

Die Festung im gleichnamigen Stadtteil im Westen der Stadt war eine der mächtigsten Burgen in der Pfalz und ist noch heute gut erhalten. Im Dreißigjährigen Krieg boten die gewaltigen Geschütztürme Sicherheit. Die Ausstellung, die hinter den mächtigen Mauern Einblicke ins Leben der Schlossbewohner gibt, nimmt dich mit in die Renaissance und macht das

Erbe der Leininger wieder lebendig. *Mitte März–Okt. Di–So 10–18, Nov., Feb.–Mitte März 10–17 Uhr | Eintritt 4,50 Euro | schloss-hardenburg.de | 1 ½ Std.*

RÖMISCHES WEINGUT WEILBERG

Die spinnen doch, die Römer, so einen Schatz wie die alte Weinbauvilla mitten in den pfälzischen Weinbergen zu vergessen! Die Mauern und Säulen im Stadtteil Ungstein erzählen jahrtausendealte Geschichte, ganz nebenbei bietet sich dir ein Blick zum Verlieben über zumindest gefühlt die halbe Weinstraße. Im Original sollen die teils wiederhergestellten Villamauern übrigens 150 m lang gewesen sein – mit ein wenig Fantasie baut sich das Herrenhaus in all seiner Pracht wieder vor dir auf. *Außenanlage frei zugänglich | Tel. 06322 93 51 40 |* *J7*

ESSEN & TRINKEN

IL COLOSSEO

Wenn schon in der italienischsten Gegend Deutschlands leben, dann richtig, dachte sich Küchenchef Luigi Cicoria, als er das Konzept des Colosseo entwarf. Gekocht wird nach dem Pastarezept seiner Mutter und mit Zutaten, aus denen die Sonne zu schmecken ist. *Mo geschl. | Entengasse 12 | Tel. 06322 95 49 10 | il-colosseo.com | €–€€*

WEINSTUBE PETERSILIE

Die Weinstube wird von zwei Ernährungswissenschaftlerinnen betrieben, die ausgewählte Produkte mit Bedacht zubereiten – urig und gemütlich mit deftig pfälzischer Küche. *Do geschl. | Römerplatz 12 | Tel. 06322 43 94 | €–€€*

SHOPPEN

HAUS DER GUTEN WEINE

Bei Sinnesphysiologe Dr. Steffen Michler kannst du die besten Bad Dürkheimer Weine erstehen – dazu die europäischen Pendants, Pfälzer Liköre sowie Whiskey und mehr. *Di–Do 10–18, Fr 10–19, Sa 10–16 Uhr | Römerplatz 13 | weinsensorik.de*

WELLNESS

HAMAM

Das türkische Bad zu besuchen, ist Wellness pur. Schon allein die Ruhephase auf dem heißen Stein, bevor die wohltuende Waschung mit Einseifen und sanfter Massage beginnt, ist die reinste Entspannung. *Mo, Mi–Fr 12–20 (Mi nur für Frauen), Sa/So 10–18 Uhr | Kurbrunnenstr. 14 | Behandlungen ab 50 Euro | Tel. 06322 94 50 81 | hamam-badduerkheim.de*

AUSGEHEN & FEIERN

SPIELBANK BAD DÜRKHEIM

Einmal so richtig schick gemacht in Abendkleid oder Smoking (auch wenn es normal schick hier auch tut...), denn heute Abend geht's ins Casino. Gönn dir den Spaß, beim Black Jack oder Roulette auch mal aufs eigene Glück zu vertrauen, dabei Martini zu schlürfen und die illustren Gäste zu beobachten. *Tgl. 13–2 Uhr | Schloss-*

Hinein in den schmucken Ortskern Freinsheims – am besten durch das Eisentor

platz 6 | Tel. 06322 94240 | spielbank-bad-duerkheim.de

RUND UM BAD DÜRKHEIM

12 FREINSHEIM ★

7 km von Bad Dürkheim, 30 Min. mit dem Rad

Mit Mittelalterflair und barockem Stadtkern hat Freinsheim (5000 Ew.) so viel an Historie zu bieten, dass ein Erlebnisbummel durch das Städtchen fast Pflicht ist. Ohne Frage: Imposant ist die mittelalterliche Stadtmauer. 1300 m lang und bis zu 8 m hoch mit ihren drei Türmen. In deren Umfeld erwartet dich ein Erlebnisrundgang durch eine andere Zeit: hinein in einen bunten Barockgarten, durch das Eisentor hindurch in die Innenstadt und die Stufen hinauf zu den drei Stadttürmen. In einem davon, dem Casinoturm, ist das „vielleicht kleinste Theater der Welt", zu Hause: das *Theader Freinsheim (Tel. 06353 932845 | theader.de)*. *J6–7*

INSIDER-TIPP **Mini-Rekordhalter**

13 BATTENBERG

10 km von Bad Dürkheim, 50 Min. mit dem Rad

Ein beliebter Ausgangspunkt für Wanderungen in den Pfälzerwald ist der kleine Ort Battenberg (400 Ew.). Von der Ortsmitte führt ein blau-weiß markierter Weg zum tief im Wald gelegenen *Ungeheuersee* und zum *Forsthaus Lindemannsruhe (Mi–Fr 13–18, Sa 12–17 Uhr | Tel. 06359 2196 | hofgutbattenberg.de | €€)*. In der Schenke der trutzigen Burg, von der nur noch die Ringmauern und Teile eines Turms erhalten sind, ist die Stärkung dann so richtig schön. *H6*

14 ALTLEININGEN

19 km von Bad Dürkheim, 25 Min. mit dem Auto

Wie Kanonenläufe lugen 20 Rohre aus der Sandsteinmauer. Aus ihnen schießt kein Blei, sondern unablässig Wasser. Du stehst somit in Altleiningen (1700 Ew.) vor einer seltenen Brunnenanlage, vermutlich aus dem 16. Jh. Eine Inschrift in Form eines Dialogs zwischen dem Brunnen und einem Wanderer informiert darüber, dass das Wasser „ewig ergötzt". Das soll es übrigens auch im pittoresken *Freibad (im Sommer tgl. 9–19 Uhr | Burgstr. | Eintritt 4,50 Euro)* im alten Burggraben unterhalb der Festung. *H6–7*

15 NEULEININGEN

14 km von Bad Dürkheim, 20 Min. über die B 271

Hoch auf die Burg haben es auch schon etliche Promis geschafft. Die Festungsruine (um 1240 erbaut) ist Wahrzeichen von Neuleiningen (800 Ew.). Sie bietet einen Wahnsinnsblick in alle Himmelsrichtungen. Ins rechte Licht gerückt wird sie auch Ende Juli zum jährlichen *Burgweinfest*. Etwas unterhalb der Burg gibt es das urige *Restaurant Burggraf (Fr–So 17–23 Uhr | Mittelgasse 11 | Tel. 06359 2826 | zumburggraf.de | €€)* mit Schlemmgarantie. Neuleinigen selbst verführt mit seinen verwinkelten und malerischen Gassen so manchen Besucher. *H6*

16 LAMBSHEIMER BEACHBAR

14 km von Bad Dürkheim, 45 Min. mit dem Rad

Strand und Reben, das geht nicht zusammen? Falsch gedacht, denn am Nachtweideweiher ist im Sommer Strandurlaub angesagt. In der Beachbar – einer der ältesten Deutschlands – gibt es Cocktails, groovige Musik und Livekonzerte. Besonders ruhig geht es unter der Woche zu, dann ergatterst du sogar noch einen freien Platz in einer Hängematte. *Im Sommer tgl. ab 14 Uhr | Nachtweide 2 | Tel. 06233 5 56 50 | beachbar-lambsheim.de | K6*

SCHÖNER SCHLAFEN AN DER WEINSTRASSE

HINTER KLOSTERMAUERN

Ruhe, Einkehr, gutes Essen und die Nähe zur Natur: Mehr brauchen die Bewohnerinnen des *Klosters St. Maria* in Esthal nicht. Und das geben sie gern weiter mit ihrem Angebot an Gästezimmern und Apartments in ihrem großzügigen Klostergebäude westlich von Neustadt. Besondere Erholungsprogramme umfassen Yogakurse und Kräuterworkshops. *45 Zi. | Klosterstr. 60 | Tel. 06325 9 54 20 | kloster-esthal.de | €€*

ZIMMER MIT AUSBLICK

Das kleine Städtchen Freinsheim bei Bad Dürkheim ist vor allem für seine historischen Stadttore und -türme bekannt. In einem davon, dem Herzogturm, vermietet das *Landhotel Altes Wasserwerk* zwei hübsche Turmzimmer mit herrlich schiefen Wänden. *Tel. 06353 93 25 20 | landhotel-altes-wasserwerk.de | €€*

RHEINEBENE

GESCHICHTE AM FLUSS

Im Kontrast zu den malerischen Weinlandschaften im Osten der Südpfalz, ist die Rheinebene für viele erst eine Liebe auf den zweiten Blick. Dann aber richtig!

Denn rund um Ludwigshafen im Norden sowie Speyer und Germersheim im Süden haben die Altrheinarme, die die Rheinbegradigung übrig gelassen hat, eine ganz besondere und zauberhafte Naturlandschaft entstehen lassen, mit putzigen zahmen Biberratten, seltenen Wasservögeln und einer ganzen Menge Aktivitäten zwi-

Von oben alles im Blick – die Altstadt von Speyer

schen geführten Bootsfahrten und Stand-Up-Paddling. In den Städten der Region sorgt der Rhein allerdings seit Jahrhunderten für lebendiges Miteinander. Hier findet man eine internationale Restaurantszene, hübsche Shoppingmeilen, jede Menge Kultur und spannende Museen zwischen Geschichte und Technik. Und natürlich ist der Rhein selbst schon lang keine Hürde mehr: auch östlich des Flusses ziehen spannende Orte Ausflügler an.

RHEINEBENE
Monsheim
Offstein
Eisenberg (Pfalz)
Grünstadt
Lohnsfeld
Sippersfeld
Ramsen
Schneckenhausen
Großkarlbach
Sembach
Neuhemsbach
6
Weisenheim am Berg
Otterberg
Mehlingen
Altleiningen
Leistadt
Enkenbach-Alsenborn
23 km, 22 Min.
Morlautern
Fischbach
Bad Dürkheim
Kaiserslautern
Hochspeyer
Frankenstein
DEUTSCHLAND
Weidenthal
Deidesheim
Waldleiningen
Neidenfels
79 km, 4 ½ Std.
Stelzenberg
Esthal
Haßloch
Sattelmühle
Elmstein
65
Neustadt an der Weinstraße
Helmbach
Schmalenberg
Iggelbach
Maikammer
Geinsheim
RHEINLAND-PFALZ
Sankt Martin
Edenkoben
Freimersheim
Leimen
Hofstätten
Ramberg
Dernbach
Edesheim
Burrweiler
Albersweiler
Knöringen
Siebeldingen
Annweiler am Trifels
Landau in der Pfalz
Knittelsheim
Eschbach
Wollmesheim
Impflingen
Waldhambach
Herxheim
Heuchelheim
Klingenmünster
Rohrbach (Pfalz)
Hayna
Winden
Bad Bergzabern
Kandel
Fun Forest Kandel
3
65
Steinfeld (Pfalz)
Schweighofen
Hagenbach
Büchelberg
Schleithal
Seebach
4 Lauterbourg
FRANCE
MARCO POLO HIGHLIGHTS
DOM ZU SPEYER
In der größten erhaltenen romanischen Kirche der Welt schlummert Geschichte ➤ S. 100
TECHNIK MUSEUM SPEYER
Zwischen dem Spaceshuttle Buran und einem 60er-Jahre Marine-U-Boot ➤ S. 101
FUN FOREST KANDEL
Fast 20 Parcours verschiedener Schwierigkeitsstufen sorgen in der Südpfalz für Kletterspaß ➤ S. 104
WILDPARK RHEINGÖNNHEIM
In den großen Wildtieranlagen leben Mufflons, Luchse, Auerochsen und Damwild ➤ S. 106
NATIONALTHEATER MANNHEIM
Starke Inszenierungen und moderner Tanz auf den zwei Hauptbühnen des Hauses ➤ S. 108

6 Worms
Bürstadt
Heppenheim
Fürth
Laudenbach
Bonsweiher
Wahlen
7 Lampertheim
Hüttenfeld
Hemsbach
Mörlenbach
Weiher
Bobenheim-Roxheim
67
Birkenau
Kreidach
Löhrbach
Frankenthal (Pfalz)
Viernheim
Weinheim
Siedelsbrunn
HESSEN
Rittenweier
Trösel
Nationaltheater Mannheim
Mannheim
S. 105
Altenbach
Vorderheubach
Ludwigshafen
S. 105
8 Ladenburg
Wilhelmsfeld
22km, 30 Min.
Edingen-Neckarhausen
Altneudorf
Mutterstadt
Wildpark Rheingönheim
Dossenheim
Schönau
5 Altrip
61
Limburgerhof
Heidelberg
Brühl
Eppelheim
Schifferstadt
1 Schwetzingen
Neckar gemünd
Otterstadt
Waldhilsbach
Ketsch
Leimen
Technik Museum Speyer
Gauangelloch
Dom zu Speyer
Sandhausen
Schatthausen
Hockenheim
Speyer
S. 100
6
Walldorf
Nußloch
Meckes-heim
Baiertal
Reilingen
Wiesloch
6
Hoffenheim
Schwegenheim
Oberhausen
St. Leon-Rot
Eschelbach
Philippsburg
Kirrlach
Malsch
Dühren
2 Germersheim
Wiesental
Bad Schönborn
Östringen
BADEN-WÜRTTEMBERG
Hilsbach
Rußheim
Rhein
Hambrücken
Elsenz
5
Stettfeld
Odenheim
Tiefenbach
Ubstadt
Liedolsheim
Landshausen
Menzingen
Leimersheim
Karlsdorf
Bruchsal
Münzesheim
Leopoldshafen
Gochsheim
Zaisenhausen
Kürnbach
Blankenloch
Waldbrücke
Weingarten
Oberderdingen
Gondelsheim
Sternenfels
Jöhlingen
Bretten
Knittlingen
Karlsruhe
Berghausen
Wössingen
Söllingen
10 km
6.21 mi

SPEYER

(🕮 L9) **„Macht euch auf nach Speyer", ließ einst schon Goethe seinen Götz von Berlichingen sagen. Der meinte das zwar weniger touristisch, aber trotzdem steht Speyer (50 000 Ew.) auf der To-do-Liste für Pfalzurlauber aus vielen Gründen ganz oben.**

In der Innenstadt zwischen Altpörtel und Dom ist Flanieren geradezu ein Muss, an Rhein und Altrhein gibt es Natur pur. Ein Gegenpol dazu ist der Schwerpunkt des bekanntesten Museums der Stadt, dem Technikmuseum, wo Flugzeuge und sogar ein U-Boot zur Erkundungstour laden. Nebenan im IMAX gibt es dazu passend Naturdokus im 3D-Dome-Kino. Und dann wären da noch die Dünen am Stadtrand, die für einen kurzen Moment vergessen lassen, dass das funkelnde Wasser des nahen Rheins noch Hunderte Kilometer vom Meer entfernt ist.

WOHIN ZUERST?

Die türkisfarbenen Dächer des Kaiserdoms locken den Besucher schon von Weitem in die Innenstadt. Und hier – auf der **Maximilianstraße** – geht die Erkundungstour auch los. Rund um die Einkaufsstraße finden sich mehrere Parkhäuser. Vom Hauptbahnhof aus spaziert man in 10 Minuten zum Altpörtel, wo man den Dom am anderen Ende der Maximilianstraße schon erspäht.

SIGHTSEEING

MAXIMILIANSTRASSE

Wenn du vom Altpörtel, dem ehemaligen Speyerer Stadttor, kommst, gibt es auf der ganzen Flaniermeile alle paar Meter einen guten Grund anzuhalten, das Handy für die perfekte Urlaubserinnerung zu zücken, in einem Laden zu stöbern oder sich auf einen Kaffee in die Sonne zu setzen. Die Maximilianstraße ist ohne Frage die Prachtmeile der Stadt.

INSIDER-TIPP **Eine Stadt tischt auf**

Vor allem übrigens, wenn sich jedes Jahr am zweiten Augustwochenende die Kaisertafel deckt und die Gastronomen der Straße ein riesiges kulinarisches Straßenfest auffahren. Da will keiner mehr gehen!

DOM ZU SPEYER ★

Viel spannender als hier kann ein Kirchenbesuch eigentlich kaum werden, immerhin hat der Kaiserdom zu Speyer schon ein paar Jahre auf dem Buckel und damit allerhand Geschichten zu erzählen. Beim Besuch der Kaisergruft zum Beispiel die von Kaiser Heinrich IV., dem das Kunststück gelang, gleich zwei Mal aus der Kirche zu fliegen und dennoch in einer der bedeutendsten Gotteshäuser seiner Zeit begraben zu werden. Und wenn du weder Geschichte magst noch Architektur (die im Fall des in acht Jahrhunderten erbauten Weltkulturerbes wirklich unglaublich ist), dann gib wenigstens dem *Südwestturm* eine Chance! Nach über 300 Stufen und einem kurzen Zwischenstopp im prächtigen Kaisersaal hast du nicht

Über den Dächern vom Speyerer Dom – und die Welt steht einen Moment still

nur einen Krampf in den Oberschenkeln, sondern auch einen ganz wunderbaren Panorama-Fernblick über die gesamte Rheinebene. *April–Okt. Mo, Mi, Do, Sa 9–19, Di, Fr 9–17.30, So 11.30–17.30, Nov.–März Mo–Sa 9–17, So 11.30–17 Uhr; Turm und Kaisersaal: April–Okt. Mo–Sa 10–17, So 12–17 Uhr | Domplatz | Eintritt Kaisergräber 3,80, Turm und Kaisersaal 6 Euro*

HISTORISCHES MUSEUM DER PFALZ

Historisches Museum, das klingt doch wieder so verstaubt… Ein Vorurteil, das du gleich ablegen kannst. Zwar kann es hier in den häufig wechselnden Sonderausstellungen auch mal um Römer oder Ägypter gehen – und selbst das als wirklich spannende Zeitreise in die Vergangenheit –, einer der Schwerpunkte des Museums ist aber der Bereich der Popkultur. So standen in den vergangenen Jahren etwa Lego oder auch die Filmikone Marilyn Monroe im Fokus. *Di–So 10–18 Uhr | Domplatz 4 | Eintritt ab 16 Euro | museum.speyer.de | 2 Std.*

TECHNIK MUSEUM SPEYER

Die Weltraumfähre Buran, das russische Spaceshuttle, hat hier seine letzte Ruhestätte gefunden. Lauf auf den Tragflächen eines Jumbo Jets, von denen Kinder aus luftigen Höhen hinabrutschen können. Erlebe die Enge in einem Unterseeboot beklemmend nah, bestaune den Wandel im motorisierten Verkehr zu Wasser, auf dem Land und auf Schienen sowie in der Luft im Lauf der Zeit. Der Besuch des Technikmuseums ist ein beeindruckender Gang durch die Geschichte der technischen Entwicklung. *Tgl. 10–18 Uhr | Am Technik Museum 1 | Eintritt ab 21, Kinder ab 5 J. ab 17 Euro | speyer.technik-museum.de | 2 ½ Std.*

SEALIFE

Seepferdchen, Haie und Rochen haben in 40 Becken einen neuen Lebensraum gefunden. Insgesamt kann

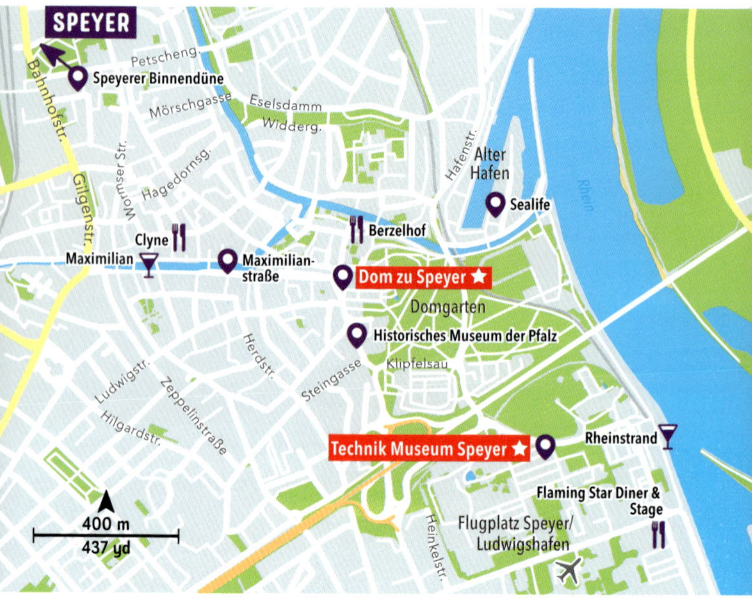

man hier etwa 9000 Meeres-, See- und Flussbewohner beobachten. Nimm dir Zeit, vor allem im Unterwassertunnel – hier hast du das Gefühl, direkt zwischen den Fischen zu stehen. *Tgl. ab 10 Uhr | Im Hafenbecken 5 | Eintritt 17,50 Euro | visitsealife.com/speyer | ⏲ 2 Std.*

SPEYERER BINNENDÜNE

Es gibt doch nichts Schöneres als so einen herrlich langen Spaziergang in den Dünen zwischen Heide und Silbergras. Aber Moment mal – die Pfalz liegt doch gar nicht am Meer! Wie gut, dass das Wind und Wetter seit der letzten Eiszeit trotzdem nicht daran gehindert hat, massenweise Flugsand auf eine Fläche zwischen Speyer und seinen Nachbarort Dudenhofen zu tragen und damit eine faszinierende Dünenlandschaft zu schaffen. Naturschützer haben sich seit einigen Jahren der Erhaltung dieses einzigartigen Naturraums verschrieben und ihn damit auch ein Stück weit aus der Versenkung geholt. Hindurch führen Spazierpfade wie der *Dünenpfad Dudenhofen*, für Kinder gibt es neben dem größten Sandkasten der Pfalz auch Spielplätze. *Zugang z. B. über Natostraße*

ESSEN & TRINKEN

BERZELHOF

Warum soll man sich denn bitte immer für das eine oder andere entscheiden, wenn zwei Dinge gleichzeitig auch gut laufen können? Das dachten sich offensichtlich die Macher, als sie sich den Berzelhof ausdachten. Der würde schon ohne die großartige Deko herrlich malerisch anmuten. Das hübsche Anwesen ist inzwischen in allererster Linie Weinbar, dazu kommen ein Hauch Livelocation und eine Prise Blumenladen. Regelmäßig gibt es abends auch Verkostungen von Champagner bis Rum. *Di geschl. | Tränkgasse 1A | Tel. 06232 6 01 08 94 | berzelhof.de | €*

CLYNE

Mit einem ausgefeilten Menükonzept hat das Clyne die Herzen der Speyerer im Sturm erobert. Alle paar Wochen wechseln Genießer-, regionales und mediterranes Menü, die wahlweise mit drei, vier oder fünf Gängen bestellt werden können. Dabei kommt Qualität auf den Tisch, mal Ausgefallenes wie Pulpo und Knurrhahn, aber auch ganz klassisch Regionales, wie es frischer und saisonaler kaum geht. *Mo–Mi geschl. | Große Greifengasse 5 | Tel. 06232 1 00 82 85 | restaurant-clyne.de | €€€*

FLAMING STAR DINER & STAGE

Im Stil eines 60er-Jahre-Diners irgendeiner US-Kleinstadt eingerichtet, serviert das Flaming Star in der Innenstadt leckere Burger und Cocktails. Dazu finden auch noch regelmäßig Wohnzimmerkonzerte mit Livemusik statt, die für volles Haus sorgen. Toll! *Tgl. | Am Neuen Rheinhafen 6 | Tel. 06232 62 25 00 | flaming-star.de | €–€€*

SPORT & SPASS

PFÄLZER JAKOBSWEG

Nicht nur in Spanien wird gepilgert! Die Mischung aus körperlicher Herausforderung und innerer Einkehr auf dem Jakobsweg startet tatsächlich bereits in der Pfalz. Hier führen zwei unterschiedliche Routen von Speyer nach Hornbach südlich von Zweibrücken. Die jeweils knapp 160 km langen Wege führen die Wanderer über etliche Klöster und Kirchen, durch Weinberge und schattige Wälder. Zumindest in Vorbereitung auf die Etappe nach Santiago ist der Pfälzer Jakobsweg eine tolle Herausforderung. *jakobsweg-pfalz.de*

STAND-UP-PADDELN

Keine Frage: Paddeln, das klingt immer irgendwie ein bisschen nach Armmuckis und Anstrengung... Auf dem Stand-up-Paddelboard kannst du hingegen ohne Bizeps eine gute Figur machen: Körperspannung ist hier angesagt, um sich keine unfreiwillige Abkühlung einzufangen. Gar nicht so einfach? Einführungs- und Schnupperkurse für Anfänger sowie Leih- und Kaufmaterial gibt es in direkter Nachbarschaft zum Rhein im *Trittbrett Center (Termine und Anmeldung online | Franz-Kirrmeier-Str. 18 | ab 49,90 Euro/ Kurs | trittbrett-center.de).*

AUSGEHEN & FEIERN

MAXIMILIAN

Kleine Snacks, fruchtige Cocktails, stylische Longdrinks und guter Wein, mit dieser Kombination kann ja gar nichts schieflaufen. Dazu kommt der moderne Schick der Speyerer Cafébar auf der Korngasse mitten im Stadtgewusel. Herrlich! Hier kann man's wahrlich aushalten! *Tgl. ab 8 Uhr |*

Korngasse 15 | Tel. 06232 1 00 25 00 | maximilian.bar

RHEINSTRAND
Jetzt ein schöner Cocktail, die Füße im Sand vergraben, und man könnte glatt meinen, dass man am Mittelmeer sitzt. Also ab an die Strandbar! Hier geht in den Sommermonaten entspannt der Abend zu Ende, mit Blick auf den geliebten Rhein und die Schiffe, die hier auch noch in den Abendstunden ganz geschäftig vorbeischippern. *April–Okt., tagesaktuelle Öffnungszeiten auf Facebook | Am Neuen Rheinhafen 1 | Facebook: rheinstrand speyer*

RUND UM SPEYER

1 SCHWETZINGEN

17 km von Speyer, 1 Std. mit dem Rad

Wenn man sich die Odenwaldkulisse hinter dem prachtvollen Schloss so anschaut, wird einem schnell klar, warum sich die pfälzischen Kurfürsten ausgerechnet dieses Fleckchen Erde für ihre Sommerresidenz ausgesucht haben. Zur 72 ha großen Schlossanlage gehören perfekt gepflegte französische und englische Gärten, Brunnen und Wasserflächen, ein Arboretum, mehrere Tempelbauten sowie eine Ende des 18. Jhs. errichtete Moschee. Das Schloss selbst kann man auch im Rahmen von Führungen besichtigen. *Tgl. ab 9 Uhr | Schlossstr. | Eintritt ab 8 Euro | schloss-schwetzingen.de | 2 Std. | M8*

2 GERMERSHEIM

19 km von Speyer, 20 Min. über B 9

Nur wenige Kilometer flussaufwärts liegt Germersheim, eine Universitätsstadt geprägt von der Internationalität ihrer Bewohner und vor allem der hier lebenden Studenten. Hier stehen nur Sprachen auf dem Lehrplan. Man hört es auf den Straßen und merkt es an der Gastronomieszene, die unter anderem auch von ehemaligen Studis geprägt wird. Im Sommer lockt seit Jahrzehnten der Kultursommer mit Klassikkonzerten, Theater und Performancekunst ins *Kulturzentrum Hufeisen*, genau wie die Uni Teil der alten Festung. Herrlich entspannt sind die Nachenfahrten im Naturschutzgebiet rund um den Altrhein *(März–Okt., Termine im Internet | 10 Euro | Tel. 07274 96 03 01 | germersheim.eu). K10*

INSIDER-TIPP
In Schleifen durch die Landschaft

3 FUN FOREST KANDEL ★

48 km von Speyer, 40 Min. über B 9

Mehr als 200 Bäume, 24 Parcours, 17 000 m Stahlseil, 29 Sportkletterrouten auf Bäumen, eine Eiskletterwand aus Holz, ein Waldwahrnehmungspfad, eine 250 m lange Seilbahn – das sind die nackten Fakten zu einem der schönsten Waldkletterparks Europas. *April–Nov., Öffnungszeiten auf der Website | Badallee | Eintritt ab 21,90, Kinder 15,90, Kidsparcours (ab 3 J.) 8,90 Euro | kandel.funforest.de | J12*

4 LAUTERBOURG

51 km von Speyer, 40 Min. mit dem Auto über die B 9

Mit Resten einer mittelalterlichen Festungsmauer, hübschen historischen Gebäuden wie dem 1731 erbauten *Rathaus (hôtel de ville)* und zahlreichen elsässischen Restaurants, Pâtisserien und Bistros ist die französische Gemeinde, die direkt an den Landkreis Germersheim grenzt, ein ideales Ziel, um einige Stunden französische *joie de vivre* zu tanken. Wer Abenteuer sucht, schaut am besten im *Aqua-Park Total Jump (Juni/Sept. Mi, Sa/So 13–18, Juli/Aug. Mo 13–19, Di–So 11–19 Uhr | Eintritt ab 12, Kinder 11 Euro/Std. | Plage des mouettes | total-jump.fr)* vorbei. Auf dem Wasserspielplatz mit rasanten Rampenrutschen erwacht auch in so manchem Erwachsenen das innere Kind. *J13*

LUDWIGSHAFEN & MANNHEIM

(L-M 6-7) **Gibt's in der Pfalz überhaupt irgendetwas, das sich nicht in irgendwie als malerisch oder beschaulich beschreiben lässt? Herzlich willkommen in Ludwigshafen!** Spaß beiseite: Obwohl die Stadt (164 000 Ew.) auf der Liste der hässlichsten Städte Deutschlands oft weit oben steht, hat auch die gewachsene Hafen- und Industriestadt ihre schönen Seiten. Weit weniger umstritten, ist die kurpfälzische Schwesternstadt Mannheim (315 000 Ew.) auf der anderen Rheinseite, und das nicht nur weil sie durch ihren Aufbau in Quadraten eine kleine stadtplanerische Sensation ist.

Neue Perspektive auf den Apollotempel im Schlosspark Schwetzingen

WOHIN ZUERST?

Bei zwei Städten, die sich durch ihre Nähe doch ein wenig anfühlen können wie eine, fällt die Entscheidung besonders schwer. Daher lohnt sich ein Spaziergang über die **Promenade der Ludwigshafener Rheinschanze** mit Blick auf „hiwwe" wie „driwwe". Wenn du in Ludwigshafen bleiben willst, liegt die Innenstadt um die Ecke. Fällt die Wahl auf die kurpfälzische Nachbarin, fährt um die Ecke ab Ludwigshafen Rhein/Mitte die S-Bahn.

SIGHTSEEING

WILHELM-HACK-MUSEUM

Über 10 000 Werke namhafter Künstler des 20./21. Jhs. gehören zur Sammlung. Das Museum gilt als wichtigstes Rheinland-Pfälzisches Museum für die Bildenden Künste dieser Ära. Zu den Highlights gehören Arbeiten von Miró, Kandinsky und Pollock. *Di, Mi, Fr 11–18, Do 11–20, Sa/So 10–18 Uhr | Berliner Str. 23 | Ludwigshafen | Eintritt 10 Euro | wilhelmhack.museum | 2 Std.*

PARKINSEL STADTPARK LUDWIGSHAFEN

Da soll nochmal einer sagen, die Industriestadt hätte keine schönen Ecken. Der 28 ha große Park liegt auf einer durch den Hafenbau im Stadtteil Mundenheim entstandenen Insel mitten im Rhein und gilt als „grüne Lunge" der Stadt. Allein für über 70 Vogelarten sollen die alten Baumbestände beste Lebensbedingungen schaffen.

WILDPARK RHEINGÖNHEIM ★

Der Wildpark ist eine Oase nicht weit von der Innenstadt Ludwighafens, schattig im Wald gelegen. Auf einer Gesamtfläche von 300 000 m² findest du hier allerdings keine exotischen Tiere, sondern die, die sich in der Gegend ohnehin wohlfühlen. Familien können ihren Verpflegungsrucksack in den Wildpark mitbringen und ein paar ruhige Stunden verbringen – zu einem günstigen Preis. *Tgl. ab 9 Uhr | Neuhöferstr. 48 | Eintritt 5, Kinder ab 1,50 Euro | ludwigshafen.de*

RHEIN- & HAFENRUNDFAHRTEN

Zugegeben: Ludwigshafen ist nicht Hamburg, und eine Hafenrundfahrt auf dem Rhein, der die Chemiestadt von Mannheim trennt, wird vielleicht nicht das Flair des größten Hafens Deutschlands entfalten. Den besonderen Hauch von Romantik aber spürst du schon, wenn du zwischen gigantischen Ladekränen hindurchschipperst und dabei entlegenste Ecken entdecken darfst, die man sonst nicht zu Gesicht bekommt. Es geht durch Schleusen, die Höhenunterschiede bis zu 11 m bewältigen, oder für einen Tagesausflug sogar in den Rheingau nach Rüdesheim. Los geht's an der Kurpfalzbrücke in Mannheim. *Programm im Internet | ab 16 Euro | Tel. 0621 17 89 52 82 | kurpfalz-schiffahrt.de*

PLANETARIUM MANNHEIM

Zurücklehnen und faszinieren lassen. Unterm Kuppeldach des Mannheimer Planetariums erfährt man allerlei Spannendes über Sterne, Planeten, Trabanten, die Geschichte des Weltalls und aktuelle Erkenntnisse der Astronomie.

INSIDER-TIPP
Bunt und laut

Ein Highlight gibt's auch für Musikfans: für die Kuppelprojektion wurden mehrere Pink-Floyd-Alben visuell aufbereitet. *Programm im Internet | Europaplatz 1–3 | Eintritt ab 10,50 Euro | Tel. 0621 41 56 92 | planetarium-mannheim.de | 1 Std.*

LUISENPARK MANNHEIM

Ein bisschen botanischer Garten, ein wenig Zoo und Outdoor-Theater – die größte Grünanlage der Stadt ist weit mehr als ein einfacher Park und hat sich zuletzt noch ein bisschen mehr herausgeputzt. Aktueller Anlass ist der Umstand, dass Mannheim als Ausrichtungsort der Bundesgartenschau 2023 ausgesucht wurde. Und dass der Luisenpark dabei eine der Hauptrollen spielt, ist Ehrensache. *Tgl. 9–19 Uhr | Eintrittspreise auf der Website | Theodor-Heuss-Anlage 2 | luisenpark.de*

ESSEN & TRINKEN

FISCHKUTTER

Nach so viel Sightseeing rund um Wasser und Hafen kommt der Heißhunger auf Fisch und Meeresfrüchte quasi wie von selbst. Wie gut, dass der nächste Fischkutter direkt um die Ecke liegt. Das Restaurant setzt neben maritimer Deko auf eine große Auswahl an Fisch und Meeresfrüchten. Wer sich nicht entscheiden kann, nimmt mit dem Fisch- oder Grillteller von allem ein bisschen. *Tgl. | Kaiser-Wilhelm-Str. 11 | Tel. 0172 6 78 34 20 | fischkutter-lu.de | €–€€*

SYTE RESTAURANT

Casual Fine Dining, in einer Stadt wie Mannheim kommt dabei fast automatisch etwas Internationales raus. Im stylish eingerichteten Restaurant des gleichnamigen Hotels am Mannheimer Bahnhof gibt's Klassiker zwischen Sushi, Pasta und Regionalem, ein bisschen Fusion und eine ganze Menge

Industrie-Chic im Mannheimer Containerhafen mit Blick auf Ludwigshafen

Kreativität. Oder wann hast du zuletzt Tiramisu oder Cheesecake in flüssig geschlürft? *So geschl. | Tattersallstr. 2 | Tel. 0621 4 90 76 70 | sytehotel.de | €€€*

YENAT
Dass Mannheim eine Stadt von Welt ist, das beweisen schon ihre Bewohner, die aus so ziemlich allen Winkeln der Welt stammen und hier geboren, hängen geblieben oder einfach nur zu Hause sind. Eins der Restaurants, in denen man diesen Umstand besonders genießen kann, ist das Yenat, wo es äthiopische Küche wie bei Mama gibt. Das sagt schon der Name, denn das amharische „Ye Enat" bedeutet schlicht und einfach „das der Mutter". *Di geschl. | G5 | Mannheim | Tel. 0621 10 60 27 | yenat-restaurant.de | €–€€*

SHOPPEN

BASF WEINKELLER
Ja, richtig gelesen, der Chemieriese hat seinen eigenen Weinhandel und ist damit sogar einer der absatzstärksten des Landes. Knapp 2000 Weine stehen hier zur Auswahl und der Weinkeller, durch den auch unregelmäßig Führungen stattfinden, ist wie ein kurzer Einblick in die Geschichte des Weins. *Mo–Fr 10–18.30, Sa 10–14 Uhr | Anilinstr. 14 | Ludwigshafen | weinkeller.basf.de*

AUSGEHEN & FEIERN

NATIONALTHEATER MANNHEIM ★
Schauspiel, Oper, Musical, Tanz und Kindertheater – das Programm des Mannheimer Theaters gehört ohne Frage zu den am besten aufgestellten Deutschlands. Besonders Schiller liegt den Mannheimern am Herzen; mit seiner Premiere der „Räuber" spielte er für Mannheim schließlich auch eine wichtige Rolle und fehlt so in kaum einem Spielplan – auch wenn die Spielstätte heute eine andere ist als damals. An das alte, im Krieg zerstörte Theater erinnert tiefer in der Innenstadt am Schillerplatz eine Gedenktafel. *Spielplan s. Website | Goetheplatz | national theater-mannheim.de*

RUND UM LUDWIGSHAFEN & MANNHEIM

5 ALTRIP
11 km von Ludwigshafen, 35 Min. mit dem Rad

In Altrip (7600 Ew.) geht es in Sachen Naherholung zwischen Rhein und den vielen kleinen Altrhein-Gewässern italienisch zu. Der Badesee *Blaue Adria* lädt bei bester Wasserqualität und mit Sandstrand zum Baden ein. Und wer für einen Abstecher in die Kurpfalz oder ins Badische übersetzen will, nimmt einfach die Fähre nach Mannheim. *vg-rheinauen.de | ▯ L8*

6 WORMS
25 km von Ludwigshafen, 20 Min. mit der S-Bahn

Außergewöhnliche Kathedrale: Dom St. Peter in Worms

Wenn man den Legenden glauben mag, die sich hier abgespielt haben sollen, war in Worms eine ganze Menge los. Wilde Drachen, tapfere Helden und wertvolle Schätze sind Teil der Nibelungensage, die die Stadt bis heute prägen. Durchs *Nibelungenmuseum (Di–So ab 10 Uhr | Fischerpförtchen 10 | Eintritt 5,50 Euro | Tel. 06241 8534120 | nibelungenmuseum.de | 1 ½ Std.)* führt dich ein spannender Audio-Rundgang mit Schauspiellegende Mario Adorf im Ohr. Der im 12. Jh. erbaute *Dom St. Peter* ist eine der schönsten und außergewöhnlichsten Kathedralen Deutschlands. *K5*

7 LAMPERTHEIM

17km von Ludwigshafen, 30 Min. über die B 44

An der Südspitze Hessens, direkt am Beginn der Hessischen Bergstraße, liegt Lampertheim mit vielen hübschen Fachwerkhäusern im alten Ortskern. Der Ort ist Einstieg zum *Geo-Naturpark Bergstraße-Odenwald*, wo man auch rechtsrheinisch herrlich wandern gehen kann. Ebenfalls zu Fuß erkunden kannst du hier den *Lampertheimer Altrhein*, das drittgrößte Naturschutzgebiet Hessens. *L5*

8 LADENBURG

17km von Ludwigshafen, 25 Min. über die B 36

Mit historisch belegten Kelten- und Römersiedlungen ist Ladenburg eine der ältesten Städte Deutschlands. Sich selbst bezeichnet die baden-württembergische Kleinstadt sogar als die älteste deutsche Stadt rechts des Rheins. Ob Superlativ oder nicht, zwischen den bunten Fachwerkhäusern und mittelalterlichen Stadttürmen scheint die Zeit stehengeblieben zu sein. Mit den Schiffen der *Rhein-Neckar-Fahrgast-schifffahrt (Fahrzeiten im Internet | ab 17 Euro | weisse-flotte-heidelberg.de)* kommt man von hier aus regelmäßig nach Worms oder Heidelberg. *M7*

ERLEBNIS TOUREN

Lust, die Besonderheiten der Region zu entdecken? Dann sind die Erlebnistouren genau das Richtige für dich! Ganz einfach wird es mit der MARCO POLO Touren-App: Die Tour über den QR-Code aufs Smartphone laden – und auch offline die perfekte Orientierung haben.

1 NATUR PUR IM SCHATTEN DES MAIMONTS

- Baden im kühlen Saarbacherhammer
- Natur fühlen auf dem Barfußpfad Birkenfeld
- Aussicht genießen vom Turm der Ruine Lützelhardt

Start	Walthari-Klause	Ziel	Walthari-Klause
Strecke	21 km	Dauer	1 Tag, reine Gehzeit 5 ½ Stunden
Schwierigkeit	mittel	Höhenmeter	215 m

Mitnehmen: Picknick, Badesachen, Regenjacke
Park auf dem Parkplatz der Walthari-Klause.

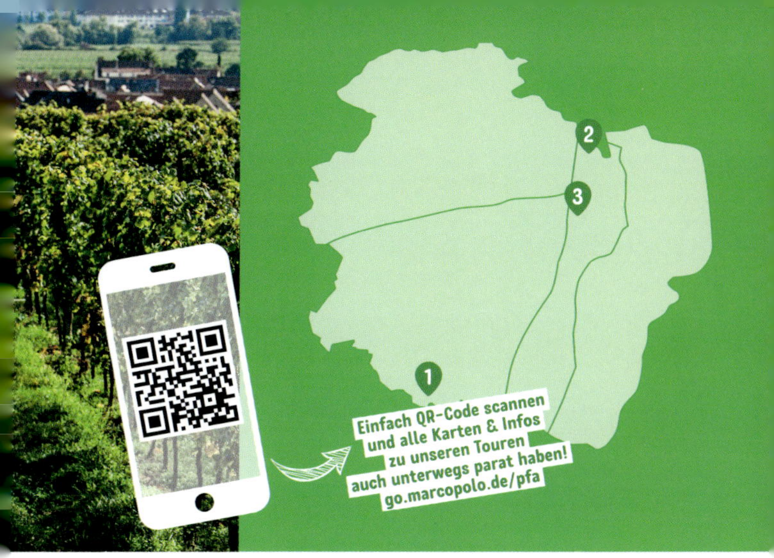
2
3
1
Einfach QR-Code scannen
und alle Karten & Infos
zu unseren Touren
auch unterwegs parat haben!
go.marcopolo.de/pfa

Bad Dürkheim, hinter Reben versteckt

GLEICH DREIMAL ANS WASSER

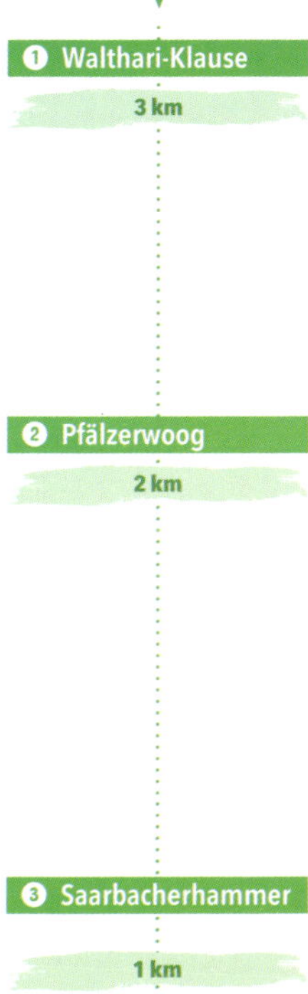

Die Tour beginnt im Ort Petersbächel an der ❶ Walthari-Klause. *Es geht ein Stück durch die Gebüger Straße, dann links in die Vogesenstraße, die nach etwa 200 m in einen Radweg mündet. Halt dich rechts, bis der Weg eine spitze Linkskurve nimmt. Dort, wo ein schmaler Pfad nach 50 m rechts auf die K 43 führt, gelangst du auf der anderen Seite in den Wald und folgst der Beschilderung (3/Felsenland Sagenweg).* Es gibt nur wenige Wegweiser. Farne und dichter Baumbewuchs sind deine Begleiter auf der Etappe zum ❷ Pfälzerwoog. An dem ruhig gelegenen See kannst du entspannt die Füße baumeln lassen. *Orientier dich am breitesten Weg, nimm die vierte Abzweigung nach links und halte dich dann rechts.* Du stößt auf Holzbänke und Tische am See, die zum zweiten Frühstück einladen. Genieß den Blick auf Seerosenteppiche, auf denen Frösche quaken. Auf der anderen Seite scheint der See in einer Schilflandschaft zu versinken.

Rechts am See vorbei wanderst du am anderen Ufer links tief in den Wald hinein. Der Waldweg führt auf eine Anhöhe. Bieg rechts ab, bis du auf die K 43 triffst. Rechts geht es zum ❸ Saarbacherhammer, einem Mühlweiher, der allerdings wie ein alpiner Bergsee anmutet.

❶ Walthari-Klause

3 km

❷ Pfälzerwoog

2 km

❸ Saarbacherhammer

1 km

Da hier Baden erlaubt ist, ist jetzt der ideale Zeitpunkt für eine Abkühlung. *Zurück geht's bis zur K 43 und geradeaus weiter.* Auf der ④ **Freizeitanlage Birkenfeld** *(Ostern–Okt. ab 10 Uhr)* kannst du Minigolf spielen, Kinder toben auf dem Abenteuerspielplatz oder laufen über einen Barfußpfad. *Hinter dem Minigolfplatz geht die Wegstrecke nach Ludwigswinkel weiter, wo du nach kurzer Zeit über die Landgrafenstraße den* ⑤ **Rösselsbach** erreichst. Schau von einer der Bänke am Ufer den vereinzelten Anglern zu.

INSIDER-TIPP
Badesachen nicht vergessen!

④ **Freizeitanlage Birkenfeld**

2 km

⑤ **Rösselsbach**

5 km

⑥ **Lützelhardt**

4 km

⑦ **Area One**

4,5 km

① **Walthari-Klause**

INS MITTELALTER UND IN DEN KALTEN KRIEG

Bis zum nächsten Ziel ist es ein Stück. *Den Teich lässt du rechts liegen. Folg dem Weg bis zur Gabelung und halt dich links, bis du an eine Wegspinne triffst, von der fünf Routen abzweigen. Du läufst den rechten Weg weiter,* bald schon schnupperst du französische Luft. *Geh weiter geradeaus, dann lauf an der Beschilderung nach rechts, der Weg wird immer schmaler und steiler,* bis du oben bei der Burgruine ⑥ **Lützelhardt** ankommst. Wie die meisten Burgen des Wasgaus wurde auch diese im 12. Jh. erbaut. Über zwei steile Treppen gelangt man hinauf bis zum Turm, von dem aus du auf etwa 460 m Höhe die Aussicht genießt. *Den Heimweg trittst du über die Wegspinne an, an der du rechts auf einen breiten asphaltierten Weg abbiegst. An der Gabelung nach ca. 2 km biegst du links ab* und triffst nach einigen hundert Metern auf ein Relikt aus den Zeiten des Kalten Krieges. ⑦ **Area One** ist eine einsame US-Munitionsbunkeranlage. *Zurück an der Gabelung, geht es nach links über breite asphaltierte Wege bergab. Folg der Route, die in einer Rechts-Links-Kurve mündet, bis in den Gewerbepark Fischbach, wo du, der Radweg-Markierung folgend, wieder nach Petersbächel zur* ① **Walthari-Klause** *kommst.*

2 AUF DEM KRAUT- UND RÜBENRADWEG DURCH DIE PFALZ

- Weine verkosten im kühlen Weinparadies-Keller
- Im Planwagen durch ein Meer von Reben
- Plaudern mit Papageien im Vogelpark Haßloch

Haus der Deutschen Weinstraße

Storchenzentrum Bornheim

137 km

3 Tage, reine Fahrzeit 8 ½ Stunden

Kosten: ca. 500 Euro für Kutschfahrt, Eintritte, Essen & Trinken, Übernachten
Mitnehmen: Schwimmsachen, Fernglas, Regenjacke
Radverleih *Drahtesel (Grünstadt | drahtesel.com)*; Planwagenfahrt in der Weinstube Haardtblick vorbuchen; von Bornheim sind es ca. 5 km zum Hbf. Landau, von dort 1 ½ Std. nach Bockenheim mit dem Zug

RADEL IN DIE WELT DES WEINS

Die Tour startet in Bockenheim am 1 Haus der Deutschen Weinstraße, das an einem kleinen See mit Parkbänken und Kneippanlage liegt, und führt *über Grünstadt und Obersülzen auf dem ausgeschilderten Themenradweg auf hügeliger Strecke nach* 2 Großkarlbach. Der kleine Ort reizt mit pittoresken Fachwerkhäuschen entlang des Eckbachs, darunter die alte Dorfmühle, eine von 35 Mühlen, die es hier um 1600 gab. Bis hier hast du eine hügelige Strecke hinter dir. *Auf halbem Weg zwischen Bissersheim und Kirchheim, stets vom Eckbach begleitet, biegt der Themenradweg nach links, nach ca. 500 m verlässt du den beschilderten Weg und fährst rechts Richtung B 271 und dann auf der B 271 nach* 3 Herxheim am Berg, um im Schlossgarten unter mächtigen Bäumen die Aussicht über die Rheinebene zu genießen. Direkt nebenan thront die über 1000 Jahre alte Sankt Jakobskirche. *Bergab*

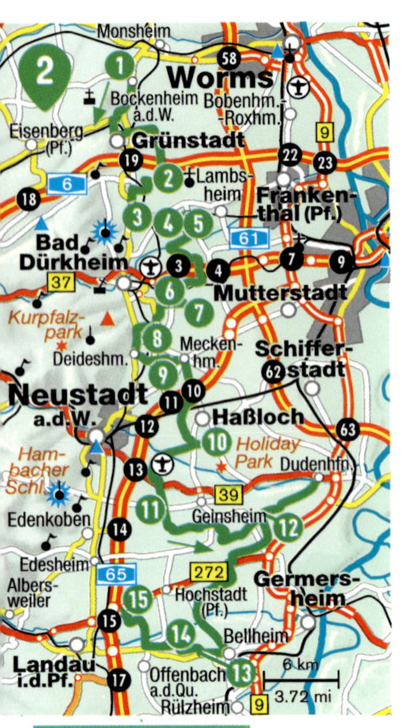

geht's auf der L 522. In ❹ **Freinsheim** ➤ S. 94 erkundest du den Ort mit seiner imposanten Stadtmauer und anschließender Weinprobe und Kellerführung im **Weinparadies Freinsheim** *(Bahnhofstr. 44 | Tel. 06353 9 34 70 | weinparadies-freinsheim.de). Folg dem Themenradweg nach Weisenheim am Sand. Am Ortsausgang geht's auf der Route bis zur Isenach. Zuvor biegst du rechts in den Riedweg ab, der dich durch den Wald ins Naherholungsgebiet* ❺ **Ludwigshain** bringt, ein ruhiges Ausflugsziel mit Weiher und einer vielfältigen Tierwelt, für die du unbedingt Fernglas oder Zoom-Objektiv dabeihaben solltest. Lass die Füße im Wasser baumeln, bevor es *auf dem Themenradweg* nach **Friedelsheim** geht. In der ❻ **Weinstube Haardtblick** *(Mi–Fr 12–14, 16–21, Sa/So 11–21 Uhr | Bahnhofstr. 44 | Tel. 06322 60 07 77 | weinstubehaardt blick.de)* hat man eine fantastische Aussicht auf die Weinberge, eine Planwagenfahrt führt von hier durch die Rebenlandschaft. Zurück in Gönnheim übernachtest du stilvoll im Vinotel des ❼ **Hofguts Gönnheim** *(hofgut-goennheim.de | €€).*

INSIDER-TIPP
Fast wie Safari

SCHNAPS, TABAK & EINE NASSE ERFRISCHUNG

Der Weg führt zunächst über Friedelsheim Richtung Wachenheim, schlägt vor der B 271 links ein, die du nach ca. 2 km über eine Brücke querst. Über den Goldbach erreicht man ❽ **Forst** ➤ S. 91 mit seinen hübschen Fachwerkhäusern. *Du folgst nun wieder dem Themenradweg nach Deidesheim, wo du durch das Naturschutzgebiet Marlachwiesen (ausgeschildert) nach Meckenheim fährst.* Im ❾ **Brennereimuseum** *(Di–Sa 9–19 Uhr | Hauptstr. 36)* erfährst du, wie Schnaps gebrannt wird und wurde – vom Mittelalter bis heute. *Auf*

❹ Freinsheim
5 km
❺ Ludwigshain
16 km
❻ Weinstube Haardtblick
2 km
❼ Hofgut Gönnheim

TAG 2
6,5 km
❽ Forst an der Weinstraße
7 km
❾ Brennereimuseum
10,5 km

dem Themenradweg fährst du an Haßloch vorbei, folgst der Route entlang der Westrandstraße und fährst links über die Adam-Stegerwald-Straße und die Hans-Böckler-Straße weiter über Saugraben und Fohlenweide zum ⑩ **Vogelpark Haßloch** *(ganztägig geöffnet | Rennbahnstr. 161 | Eintritt frei)* der eine große Artenvielfalt zeigt. *Zur Themenroute gelangst du auf dem gleichen Weg zurück und fährst weiter bis Duttweiler,* wo das ⑪ **Schwimmbad Duttweiler** *(Freibad Juni–Sept. Mo–Fr 14–19, Sa/So 10–19 Uhr | Eintritt 2,50 Euro | Altdorfer Str. 5)* Gelegenheit für eine Abkühlung bietet. *Du folgst dem markierten Radweg ein Stück, dann fährst du beim Vogelschutzgebiet Modenbachniederung weiter geradeaus nach* ⑫ **Harthausen**, wo einer der ältesten erhaltenen **Tabakschuppen** in der Pfalz steht. Eine schöne Übernachtungsmöglichkeit liegt nur wenige Kilometer von der Route entfernt: das **Hotel Goldenes Lamm** *(lamm-dudenhofen.de | €€)* im Nachbarort Dudenhofen.

⑩ Vogelpark Haßloch

13 km

⑪ Schwimmbad Duttweiler

15 km

⑫ Harthausen

STÖRCHE BEOBACHTEN BEI FRISCH GEZAPFTEM

Die letzte, kurze Etappe wird dich entspannen. Durch die Modenbachniederung kommst du auf dem Themenradweg über Schwegenheim, Weingarten und Lustadt nach ⑬ **Knittelsheim**. Halt die Augen offen,

TAG 3

30 km

⑬ Knittelsheim

Historisch interessierte Radler legen einen Stopp in Freinsheim ein

2 km

⓮ Ottersheimer Bärenbräu

8 km

⓯ Storchenzentrum Bornheim

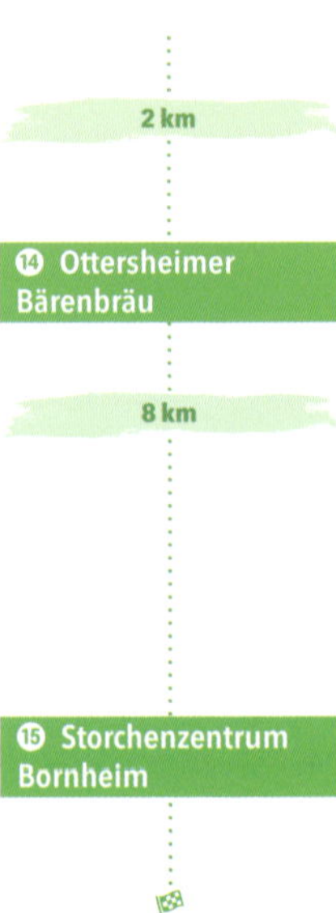

der Ort beherbergt mit seinem Storchenprojekt über ein Dutzend Nester. *Auf dem ausgeschilderten Radweg* erreichst du **Ottersheim**, das für sein naturtrübes Helles und Dunkles Bärenbräu aus der Hausbrauerei **⓮ Ottersheimer Bärenbräu** *(März–Okt. tgl. | Waldstr. 35a | Tel. 06348 7595 | ottersheimer-baerenbraeu.de | €)* bekannt ist. Nutz die Gelegenheit für eine zünftige Brotzeit mit frisch gezapftem Bier. Mehr über Störche und ihre Lebensweise erfährst du, wenn du *Ottersheim nördlich verlässt und auf dem Themenradweg weiterfährst. An der Kreuzung Birkenallee fährst du weiter geradeaus, am Ende der Jakobstraße biegst du rechts in die L 542, am Industriegebiet vorbei, links auf die K 42 und rechts nach* **Bornheim** zum **⓯ Storchenzentrum Bornheim** *(Mo/Mi 13–16, So 14–17 Uhr | Eintritt 3,50 Euro | Kirchstr. 1 | Tel. 06348 610757 | pfalzstorch.de)*. Und natürlich gibt es Adebar auch in zahlreichen Nestern im Ort live zu erleben.

Adebar in seinem Nest – im Storchenzentrum Bornheim

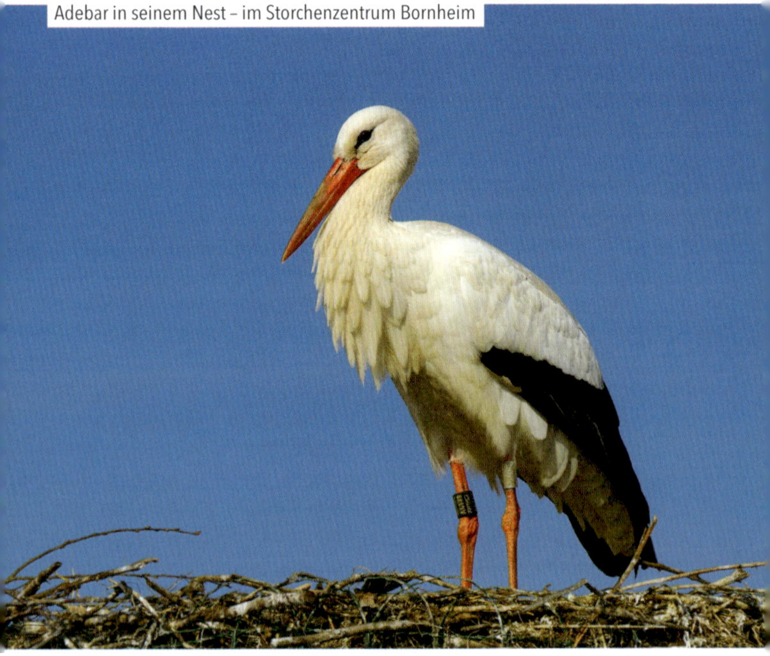

3 STIPPVISITE IM MEKKA DER BIKER

➤ Treppen erklimmen bis zur Bismarckturm-Aussichtsplattform
➤ Eisvögel suchen am Stausee in Ramsen
➤ Sommerrodeln im Kurpfalz-Park Wachenheim

Wurstmarktplatz Bad Dürkheim

Badehaisel in Wachenheim

110 km

1 Tag, reine Fahrzeit 2 ½ Stunden

Kosten: ca. 85 Euro für Essen & Trinken, Eintritte und Benzin
Mitnehmen: Badesachen
Um Johanniskreuz aufmerksam fahren, es sind viele Biker unterwegs. Elmsteiner Tal: April–Okt. wochenends für Biker gesperrt

ÜBER EIN ALTES KLOSTER ZUM STAUSEE

Start ist am ❶ **Wurstmarktplatz** vor dem **Dürkheimer Riesenfass** ➤ S. 92. *Zunächst fährst du nördlich über die L 517 nach Leistadt, wo es am Kreisel scharf links auf die erste schmale Überlandstrecke (L 518) geht.* Nach kurzer Zeit siehst du links den ❷ **Bismarckturm** auf dem 497 m hohen Peterskopf. Halt am Straßenrand an, geh querfeldein durch den Wald und genieß die Aussicht von einer der drei Aussichtsplattformen des etwa 40 m hohen Turms. *Die Weiterfahrt führt auf der L 518 östlich über eine schmale, kurvige, auch bei Radlern beliebte Strecke durch dichten Wald. Im Altleiniger Ortsteil Höningen* siehst du das frühere ❸ **Kloster Höningen** von 1120. Ein Besichtigungsstopp lohnt. Das Kloster zählt zu den ältesten romanischen Bauwerken in der Pfalz. Ein Torbogen und der Westgiebel der Kirche sind Zeitzeugen. *Über Carlsberg, Wattenheim, Hettenleidelheim, Ramsen (L 520/K 35/K 74/L 395) geht es zum* ❹ **Eiswoog** ➤ S. 48, dem Stausee des Eisbachs. Er wird von sieben sprudelnden Quellen gespeist, hier soll der

31 km

Eisvogel noch nisten. Drinnen tummeln sich Forellen und Saiblinge. Geh eine Runde rudern! Der **Kiosk** *(Öffnungszeiten wetterabhängig)* direkt vor Ort vermietet Ruderboote. Danach wird gegessen: Geschmackvolle Speisen kommen im **Seehaus Forelle ➤ S. 48** auf den Tisch, wo du den herrlichen Blick auf den See genießt.

INS KURVENREICHE LAND DER ZWEIRÄDER

Dann heißt es wieder: ab in den Sattel! *Die Strecke führt zunächst auf der L 395 Richtung Osten und ab Enkenbach-Alsenborn über Hochspeyer auf der B 48 nach Süden* – jetzt ist wieder dein fahrerisches Können gefordert, bis du **5 Johanniskreuz ➤ S. 65** erreichst, den Ort, der sommers einer gigantischen Motorradausstellung gleicht. Bis zu 1000 Biker versammeln sich hier täglich,

5 Johanniskreuz

6,5 km

besonders beliebt: das **Hotel Johanniskreuz** *(hotel-johanniskreuz.de | €€)*, das Bikern einen großen Parkplatz und reichlich Wasser zum Reinigen der Helme bietet. *Du fährst weiter westwärts auf der L 499 ins* **6 Elmsteiner Tal**, wegen zahlreicher Kurven eines der beliebtesten Ziele für Motorrad-Touristen. Es ist die kürzeste Verbindung in Richtung Lambrecht und führt am malerischen Speyerbach entlang. *Kurz nach Helmbach führt die K 18 rechts von der Hauptroute direkt* zum **7 Helmbachweiher**. Auf einem Steg kannst du die Füße ins kühle Wasser baumeln lassen, schwimmen ist auf eigene Gefahr erlaubt. Am Kiosk gibt es Erfrischungen.

6 Elmsteiner Tal

10 km

7 Helmbachweiher

17 km

ERST WILDPARK, DANN CHILLEN AM WEIHER

Zurück auf der L 499 geht es hinter Frankeneck auf die B 39 nach Lambrecht, weiter nordwestlich auf der K 16 nach Lindenberg und über die Rotsteiger Höhe (340 m) zum **8 Kurpfalz-Park** ➤ S. 91, einem kleinen Familien-Vergnügungspark mit Wildpark und Greifvogelschau. Man kann hier Stunden bzw. ganze Tage verbringen. Koste den Park an einem anderen Tag so richtig aus, heute bleibt es eine Stippvisite. In **Wachenheim** ➤ S. 91 selbst entspannst du an einem Weiher, *der an der Zufahrtsstraße zum Ort auf der rechten Seite am Ortseingang an einem Parkplatz gelegen ist*. Du sitzt im **9 Badehaisel** *(Di geschl., sonst ab 15 Uhr | Waldstr. 103 | Tel. 06322 66830 | badehaisel.de | €)* mit Blick aufs Wasser in der noch warmen Abendsonne und lässt den Tag Revue passieren – mit Glück sogar mit Livemusik.

8 Kurpfalz-Park

6 km

9 Badehaisel

Eiswoog: Hier wird der Eisbach aufgestaut

GUT ZU WISSEN

DIE BASICS FÜR DEINEN URLAUB

ANKOMMEN

ANREISE

Eine der ältesten Autobahnen Deutschlands, die A 6, quert die Pfalz. Sie führt vom äußersten Westen in Richtung Nordosten und ist die Verbindungsstraße zwischen Saarbrücken und Mannheim. Die A 61 (Koblenz–Speyer), die A 62 (Nonnweiler–Pirmasens), die A 63 (Kaiserslautern–Mainz) und die A 65 (Ludwigshafen–Karlsruhe) sind die weiteren wichtigen Verbindungen in der Region.

Wichtigster Knotenpunkt für den Fernverkehr mit der Bahn ist der Hauptbahnhof in Mannheim. Alle wesentlichen ICE-Verbindungen machen hier Station. Die größeren Städte der Pfalz wie Bad Dürkheim, Frankenthal, Pirmasens oder Speyer sind mit Regionalbahnen erreichbar, Intercity-Haltepunkte sind unter anderem Ludwigshafen, Neustadt und Kaiserslautern.

Von Kaiserslautern im Westen über Neustadt an der Weinstraße, Schifferstadt, Ludwigshafen, Mannheim sowie Heidelberg bis nach Osterburken im Osten und in Nord-Süd-Richtung von Heidelberg über Bruchsal nach Karlsruhe reicht das ausgedehnte Streckennetz der S-Bahn.

KLIMA & REISEZEIT

In der Pfalz herrscht ein mildes Klima, in dem vor allem im Süden auch mediterrane Pflanzen wie Zitronen gedeihen. Die Luft ist eher trocken und erwärmt sich schnell, das Jahresmittel liegt bei etwa 10 Grad Celsius. Die schönste Zeit in der Pfalz ist zweifellos während der Weinlese zwischen Mitte September und Ende Oktober. Doch schon zur Mandelblüte im März/April beginnt die Hauptreisezeit.

Über diese Autobahnbrücke gelangt man nach Speyer

Denn nicht nur Wein und Genuss begeistern Touristen, sondern auch die vielen Wander- und Sportmöglichkeiten.

WEITERKOMMEN

LEIHRÄDER

Leihräder gibt es an den meisten Orten inzwischen sogar mit praktischem E-Motor. Informationen zu den besten Anbietern und Angeboten haben an fast allen Urlaubsorten die Tourist-Informationen, die gerade auf dem Land sogar häufig selbst Leihstation sind.

MIETWAGEN

Einen Leihwagen kann man in allen größeren Orten in der Pfalz mieten: in Ludwigshafen, Kaiserslautern, Landau, Neustadt oder Pirmasens. Einen 24-Stunden-Service gibt es in Kaiserslautern. *europcar.de*

MOTORRADFAHREN

Herrliche Landschaften, gut ausgebaute Landstraßen, leckere Stärkung an jeder Ecke: Jeder, der sein Motorrad liebt, gönnt der Maschine auch mal einen Ausflug in die Pfalz. Aber Achtung: Gerade im Sommer sind die Strecken – aus ebendiesen Gründen – viel befahren, und darum ist besondere Vorsicht geboten. Die Strecke durch das Elmsteiner Tal zwischen Frankeneck und Johanniskreuz etwa ist von April bis Oktober sogar an den Wochenenden für Biker gesperrt. Welche besonders Biker-freundlichen Hotels und Pensionen auf deinem Weg liegen, findest du im Internet, etwa unter: *mein-tourenhotel.de/motorradhotels_pfalz*

ÖFFENTLICHE VERKEHRSMITTEL

Mit Bahnen und S-Bahnen kommt man in der Pfalz in jeden größeren Ort – mit der Pfalzcard sogar teilweise kostenlos. Die meisten Verbindungen gehen stündlich, einige fahren sogar halbstündlich. Auch das Busnetz in der Region ist gut ausgebaut, sodass man auch die kleineren Orte ohne eigenes Verkehrsmittel bequem erreichen kann – meist ohne allzu lange Wartezeiten an den Haltestellen. Dort, wo Busse nicht fahren, können Ruftaxis bestellt werden. An den Wochenenden werden oftmals Ausflugszüge oder Wanderbusse eingesetzt. Informationen zu Bussen und Bahnen, Fahrplänen und Strecken gibt es unter *vrn.de*

IM URLAUB

AUSFLUG NACH FRANKREICH

Der Ausflug ins Nachbarland liegt gerade beim Urlaub im Pfälzerwald und in der Weinstraßenregion nahe und ist – angesichts der hübschen Ortschaften, die sich im Département Bas-Rhin entlang der Nordvogesen entdecken lassen – sogar fast ein Muss. Aber Vorsicht: Die Geschwindigkeitsregeln der Nachbarn sind streng, vor allem wenn man auf der pfälzischen Seite gerade noch freie Fahrt genossen hat. Innerorts sind gilt wie hierzulande die Höchstgeschwindigkeit 50 km/h, auf Landstraßen ist das Limit jedoch 80 km/h. Verstöße werden teuer.

GRÜN & FAIR REISEN

Du willst beim Reisen deine CO_2-Bilanz im Hinterkopf behalten? Dann kannst du deine Emissionen kompensieren *(atmosfair.de; myclimate.org)*, deine Route umweltgerecht planen *(routerank.com)* oder auf Natur und Kultur *(gate-tourismus.de)* achten. Mehr über ökologischen Tourismus erfährst du hier: *oete.de* (europaweit); *germanwatch.org* (weltweit).

AUSKUNFT

Wichtigste Adresse für Informationen rund um die Pfalz ist die *Pfalz-Touristik (Martin-Luther-Str. 69 | Neustadt | Tel. 06321 912328 | pfalz.de)*. Hier erhält man alle entscheidenden News zu Freizeit, Reisen und Buchen in der Weinregion. Wesentliches erfährt man lokal auch über die Tourismusbüros.

CAMPINGPLÄTZE

Komfortabel ausgestattete Campingplätze findet man entlang der 85 km langen Weinstraße ebenso wie im Pfälzerwald. Ein Verzeichnis aller vorhandenen Anlagen mit den Ausstattungsmerkmalen und weitere Informationen erhält man über die *Pfalz-Touristik* (s. S. 122) in Neustadt. Wer gerne noch näher an der Natur ist, findet in der Pfalz auch ein gut ausgebautes Netzwerk an Trekkingplätzen, wo man unterm klaren Sternenhimmel in Zelt oder Hängematte nächtigen kann. Infos unter *trekking-pfalz.de*.

JUGENDHERBERGEN

Jugendherbergen sind nicht nur Anlaufpunkte für Kinder und Jugendli-

FESTE & EVENTS

RUND UMS JAHR

JANUAR

Rotweinwanderung in Freinsheim: Am 3. Wochenende des Jahres startet hier die Wandersaison.

MÄRZ

Mandelblütenfest in Neustadt-Gimmeldingen: *mandelbluetenfest.de*

MAI/JUNI

Weintage der Südlichen Weinstraße in Landau: u. a. im Frank-Loebschen-Haus

JUNI

Weinfest an der Römerkelter in Bad Dürkheim-Ungstein: Das alte römische Weingut lädt zur Weinprobe.

JULI

Wein- und Sektsymposium in Herxheim am Berg: Eines der schönsten Feste der Pfalz

⚑ **Kalmitweinfest in Ilbesheim:** *ilbesheim.de*

Stadtmauerfest in Freinsheim: Essen und trinken zwischen den Stadttoren und -türmen

AUGUST

★ **Erlebnistag Deutsche Weinstraße:** Autofrei auf 80 km Weinstraße

SEPTEMBER

Wurstmarkt in Bad Dürkheim: Am 2. und 3. Wochenende das größte Weinfest der Welt

OKTOBER

Federweißenfeste: Der Federweiße oder „Neie Woi" läutet in der Pfalz den Herbst ein.

Deutsches Weinlesefest in Neustadt an der Weinstraße: Beim großen Weinfest wird auch die Weinkönigin gewählt.

Wein- und Kastanienmarkt in Edenkoben: Am 2. Wochenende dreht sich an der Villa Ludwigshöhe alles um die Esskastanie.

Savoir-vivre in der Maximilianstraße von Speyer

che. Sie bieten einen abwechslungsreichen Urlaub für die ganze Familie, und das zu günstigen Preisen (ab 20 Euro/Pers. inkl. Frühstück). Sport- und Freizeitprogramme für Groß und Klein gehören zu den Angeboten der Häuser. Eine gute Alternative zu Hotels und Pensionen in der Region! Jugendherbergen findet man in der Pfalz in den Orten Altleinigen, Bad Bergzabern, Dahn, Hochspeyer, Neustadt, Pirmasens, Speyer, Steinbach, Thallichtenberg und Wolfstein. Info: *diejugendherbergen.de*

ÖFFNUNGSZEITEN

Viele Restaurants, Lokale und Weinstuben haben, sofern kein Ruhetag ist, mittags (manche mit speziellem Angebot) und abends geöffnet. Andere wiederum bieten durchgängig warme Küche oder zwischen 14 und 17 Uhr eine Vesperkarte. Die Zahl der Ruhetage variiert oft je nach Saison. Weingüter haben üblicherweise eine Mittagspause, größere Geschäfte haben bis abends durchgängig geöffnet, in kleineren Orten gibt es Mittagspausen. Mittwoch- und Samstagsmittags schließen viele kleinere Läden. Supermärkte sind in Städten und größeren Orten in der Regel bis 22 Uhr geöffnet.

PFALZCARD

Mit der Pfalzcard hast du die Möglichkeit, die Region rundum gratis zu erleben: zuerst ins Museum, dann wandern und zur Schlossbesichtigung und mit Bus und Bahn weiter zur nächsten Entdeckung. Wenn deine Unterkunft am Pfalzcard-Netzwerk teilnimmt, ist die Pfalzcard für dich in der Übernachtung inbegriffen. Kaufen kann man sie nicht. Alle Infos dazu unter *pfalzcard.de*

WAS KOSTET WIE VIEL?

Leihrad	ca. 12 Euro *für einen Tag*
Souvenir	ab 3,50 Euro *für ein Dubbeglas*
Wein	5,20 Euro *für ¼ Riesling*
Imbiss	ab 5 Euro *für Dampfnudeln mit Soße auf dem Wochenmark*
Taxi	ab 1,90 Euro *pro Kilometer*
Busfahrt	1,40 Euro *für eine Einzelfahrt in Ludwigshafen*

TELEFON, INTERNET & WLAN

Die Netzabdeckung vieler Anbieter kann im ländlichen Raum, etwa rund um den Pfälzerwald, zeitweise schwanken. Am besten versorgt sind in der Regel Benutzer des D1-Netzes. In der Grenzregion zu Frankreich können je nach Vertrag Roaming-Gebühren anfallen.
Nationale Vorwahlen:
Deutschland: 00 49
Frankreich: 00 33
Wie im Rest der Republik ist auch in der Pfalz WLAN nahezu Standard in Hotels und Ferienwohnungen. Schwieriger kann es in den Gastronomien der Weindörfer werden.

WINZERFERIEN

Ferien auf dem Weingut sind mal etwas anderes und werden in vielen Dörfern in der Pfalz angeboten; schön ist dabei die Nähe zur Natur und zu den Weinbergen. Informationen dazu erhält man bei den regional zuständigen Touristeninformationen, bei der *Pfalz-Touristik* (s. S. 122) in Neustadt oder auch im Internet zum Beispiel unter *weingueter-und-winzer.de*.

NOTFÄLLE

GESUNDHEIT

Bei medizinischen Notfällen gilt wie in ganz Deutschland die Notrufnummer *112*, die inzwischen auch im europäischen Ausland funktioniert.
Größere Krankenhäuser gibt es in Ludwigshafen, Mannheim, Kaiserslautern, Speyer, Landau und Pirmasens. Bereitschaftsdienste und Notfallapotheken findest du im Internet unter *116117.de* oder *aponet.de*.

WETTER IN NEUSTADT

Hauptsaison: Juni–Sept. / Nebensaison: Jan.–Mai, Okt.–Dez.

	JAN.	FEB.	MÄRZ	APRIL	MAI	JUNI	JULI	AUG.	SEPT.	OKT.	NOV.	DEZ.
Tagestemperaturen	4°	5°	11°	15°	20°	23°	25°	24°	21°	15°	8°	5°
Nachttemperaturen	-2°	-1°	1°	5°	9°	12°	14°	13°	10°	6°	3°	-1°
Sonnenschein Stunden/Tag	2	3	4	5	6	7	8	7	6	4	2	1
Niederschlag Tage/Monat	10	9	8	9	9	10	10	9	9	8	9	8

LESESTOFF & FILMFUTTER

ELWENFELS

Comedian Christian „Chako" Habekost schreibt zusammen mit seiner Frau Britta über den Hamburger Privatermittler Carlos Herb, den es in den Pfälzerwald verschlägt (ab 2014).

HIWWE WIE DRIWWE

Im US-Bundesstaat Pennsylvania wird heute noch Pfälzisch gesprochen. Der Titel bezieht sich auf beide Seiten des Atlantik, also herüben wie drüben, und die Macher gehen der Geschichte des Pennsylvanian Dutch nach, einer Sprache, für die pfälzische Auswanderer im 17. Jh. die Grundlage schufen (2018).

JUNGE PFALZ

Ein bisschen Generationenwechsel, ein bisschen Revolution und ein bisschen Rückkehr zu Altbewährtem: In Pfälzer Betrieben ist ganz schön was los. Einige der inspirierenden Ideen, die junge Pfälzerinnen und Pfälzer hier umsetzen, werden in diesem Buch porträtiert (2018).

WEINGUT WADER

Die traumhaften Landschaften der Pfälzer Weinstraße treffen in der ARD-Serie „Weingut Wader" auf das schönste Familiendrama. Die ganze Serie gibt's auf DVD (2019).

PLAYLIST QUERBEET

ALEX ENTZMINGER – PFALZLIED
Eine wahre Ode an die Pfalz hat der Kabarettist da geschrieben, die zudem Inspirationen liefert, was man in der Region so entdecken kann.

EVA CROISSANT – IM MINUTENTAKT
Die in Neustadt geborene Liedermacherin schaffte ihren Durchbruch bei der Castingshow The Voice of Germany.

ZEDD & ELLEY DUHÉ – HAPPY NOW
Von Kaiserslautern in den Musikhimmel: Der DJ und Musikproduzent Zedd wuchs im Pfälzerwald auf und mischt seit 2012 in der US-Musikszene ganz oben mit.

MARKUS BECKER – DAS ROTE PFERD
Dem Schlagersänger aus Annweiler ist es gelungen, aus einem Kinderlied einen Ballermann-Ohrwurm zu machen.

Den Soundtrack zum Urlaub gibt's auf ***Spotify*** unter ***MARCO POLO Rheinland-Pfalz***

Oder Code mit Spotify-App scannen

AB INS NETZ

ZUM WOHL. DIE PFALZ-APP
Die offizielle Tourismus-App zur Pfalz weiß alles, was man braucht: In welchen Orten am Wochenende Weinfest gefeiert wird, Ausgehtipps und immer den Weg zum nächstgelegenen Weingut.

WANDERPORTAL-PFALZ.DE
Alles übers Wandern und Radfahren erfährst du hier! Das Naturerlebnis im Unesco-Biosphärenreservat kann man planen, unterschiedliche Pfade werden ebenso vorgestellt wie Ferienwohnungen und Waldgaststätten.

SLOWFOODPFALZ.BLOG
Der weltweite Slow-Food-Trend ist schon längst in der Pfalz zu Hause. Hier sind Genuss und Qualität meistens Synonyme; dieser Blog spürt die schönsten Adressen auf.

PFALZ-BEWEGT.DE
Du willst die Pfalz via Internet-TV kennenlernen? Diese Seite macht es möglich. Hier lässt sich alles, was die Region ausmacht, in bewegten Bildern erleben. Wein, Wald, Berge – ein sehenswerter und informativer Kurztrip durch die Pfalz auf einen Klick!

TRAVEL PURSUIT

DAS MARCO POLO URLAUBSQUIZ

Weißt du, wie die Pfalz tickt? Teste hier dein Wissen über die kleinen Geheimnisse und Eigenheiten von Land und Leuten. Die Lösungen findest du in der Fußzeile. Und ganz ausführlich auf den S. 20–25.

❶ Welche Tiere sollen der Legende nach Vorfahren der Pfälzer Elwedritsche sein?
a) Gänse, Enten und Hühner
b) Tauben, Falken und Uhus
c) Wildschweine und Hasen

❷ Welcher pfälzische Ort diente König Ludwig I. als Sommerresidenz?
a) Annweiler
b) Edenkoben
c) Deidesheim

❸ Welches Volk gilt als Vorfahren der heutigen Pfälzer?
a) Franken
b) Kelten
c) Römer

❹ Welcher englische König soll für einige Zeit auf Burg Trifels bei Annweiler in Gefangenschaft gewesen sein?
a) Heinrich VIII.
b) Richard Löwenherz
c) König Artus

❺ In welchem Jahr fand das Hambacher Fest, eines der wichtigsten Ereignisse für die Demokratie in Deutschland, statt?
a) 1871
b) 1789
c) 1832

Lösungen: 1a, 2b, 3a, 4b, 5c

Hier hatte König Ludwig I. seine Sommerresidenz – wo sind wir?

wilhelmhackmuseum
Außen Miró -
Innen Mondrian:
Moderne Kunst
in Ludwigshafen!
Samstags
freier Eintritt!
www.wilhelmhack.museum
Ludwigshafen
Stadt am Rhein

REGISTER

LOB ODER KRITIK? WIR FREUEN UNS AUF DEINE NACHRICHT!

Trotz gründlicher Recherche schleichen sich manchmal Fehler ein. Wir hoffen, du hast Verständnis, dass der Verlag dafür keine Haftung übernehmen kann.

MARCO POLO Redaktion • MAIRDUMONT • Postfach 31 51
73751 Ostfildern • info@marcopolo.de

Impressum
Titelbild: Freinsheim (mauritius iamges/Westend61: G. Wojciech)
Fotos: Getty Images/Bongarts: A. Schlichter (22); huber-images: H.-G. Eiben (52/53), G. Gräfenhain (96/97, 101, 124), S. Kremer (120/121), H. P. Merten (14/15, 84, 86), R. Schmid (26/27, 28/29, 81, 83, 115, 123, 128), L. Vaccarella (126/127); S. Kathe (131); Laif: M. Jung (10), H. Müller (24); Look: P. Koschel (34/35), A. F. Selbach (92); mauritius images: B. Gierth (91), M. Lange (105); mauritius images/Alamy (Klappe hinten, 12, 67, 94), U. J. Alexander (13), L. Andronov (Klappe vorne außen, Klappe vorne innen/1), H. Corneli (32/33), R. Kappler (54), P. Marlow (51), J. Morrissey (110/111), A. Tortora (107); mauritius images/Alamy/Caleo Photos (64); mauritius images/Alamy/Panther Media GmbH (2/3, 109); mauritius images/Chromorange (119); mauritius images/Hemis.fr: R. Mattes (6/7); mauritius images/Imagebroker: Dr. W. Bahnmüller (11, 46); mauritius images/imageBroker: N. Eisele-Hein (89), M. Obländer (76/77), A. Reinert (116); mauritius images/Imagebroker: Siepmann (30), J. Wackenhut (37); mauritius images/Pitopia: M. Mainka (29 rechts); mauritius images/Radius Images: J. Schlenker (74); mauritius images/Travel Collection: M. Bassler (33 rechts), G. Knoll (48); mauritius images/Westend61: W. Dieterich (61); picture-alliance/dpa: U. Anspach (21); J. Wackenhut (8/9, 16/17, 40/41, 45, 56/57, 69, 70, 73)

13., aktualisierte Auflage 2023

Autoren: Markus Giffhorn, Sandra Kathe
Redaktion: Martin Silbermann
Bildredaktion: Gabriele Forst
Kartografie: © KOMPASS-Karten GmbH, Karl-Kapferer-Straße 5, A-6020 Innsbruck unter Verwendung von Kartendaten: © MairDumont, D-73751 Ostfildern (S. 38–39, 112, 114, 118, Umschlag außen, Faltkarte); © KOMPASS-Karten GmbH, kompass.de unter Verwendung von © OpenStreetMap Contributors, osm.org/copyright (S. 42–43, 58–59, 62, 78–79, 82, 98–99, 102)
Als touristischer Verlag stellen wir bei den Karten nur den De-facto-Stand dar. Dieser kann von der völkerrechtlichen Lage abweichen und ist völlig wertungsfrei.
Gestaltung Cover, Umschlag und Faltkartencover: bilekjaeger_Kreativagentur mit Zukunftswerkstatt, Stuttgart; Gestaltung Innenlayout: Langenstein Communication GmbH, Ludwigsburg
Texte hintere Umschlagklappe: Lucia Rojas
Konzept Coverlines: Jutta Metzler, bessere-texte.de

Printed in China

MARCO POLO AUTORIN
SANDRA KATHE
Als waschechte Pfälzerin erkennbar ist die Journalistin eher an den kleinen Dingen: an ihrer Vorliebe für die Kombination aus Kartoffelsuppe und Süßspeisen etwa oder an der Irritation darüber, was andernorts als Schoppen eingeschenkt wird. Aber auch wenn es sie inzwischen an den Main gezogen hat: Zwischen Rhein und Reben fühlt sich die Südpfälzerin immer noch daheim.

BLOSS NICHT!

FETTNÄPFCHEN UND REINFÄLLE VERMEIDEN

MIT DEM AUTO DIREKT BIS ZUR HÜTTE FAHREN

Es führen zwar viele Wege zu beliebten Rastplätzen im Pfälzerwald und in den Weinbergen. Doch sorgen jene, die direkt vorfahren, für Kopfschütteln. Der Schoppen Wein und die Bratwurst wollen schließlich verdient sein.

ÜBER DIE ROTEN TEUFEL SPRECHEN

… wenn du dich nicht auskennst. Der 1. FCK ist Gesprächsthema #1, auch wenn Lobgesänge erst wieder geübt werden müssen. Diskutiert wird gern, mit Stammtischphrasen darfst du bei FCK-Fans aber nicht argumentieren.

RHEINHESSEN- ODER BADENWEIN LOBEN

Hier weiß man um die Qualität der eigenen Weine. Die Konkurrenz fürchten die Pfälzer Winzer zwar nicht und sind deswegen durchaus bereit, auch wohlwollend von anderen Weinen zu sprechen. Nur bei den Tropfen aus den benachbarten Anbauregionen, vor allem der auf der anderen Rheinseite, ist nicht zu spaßen.

UNGESELLIG SEIN

Die Pfälzer feiern gern. Dann werden sie nicht nur redselig, sondern auch kontaktfreudig. Da setzt man sich auch an nicht voll besetzte Sechsertische. Wer sich weigert, sich zu Fremden zu setzen, macht sich daher keine Freunde.

TRAUBEN KLAUEN

Wenn im Herbst die Weinberge voll hängen, lässt man sich gern verleiten, davon zu kosten. Niemand hat was dagegen, wenn nur einzelne Beeren genascht werden. Ganze Trauben zu pflücken oder den Kofferraum vollzuladen, ist absolut tabu.